Entwurf und Realisation: Stonecastle Graphics Ltd

Text: Gill Davies
Layout: Sue Pressley und Paul Turner
Herausgeber: Philip de Ste. Croix
Bildredaktion: Karen James

Parragon Books Ltd
Queen Street House
4 Queen Street
Bath BA1 1HE, UK

Realisation der deutschen Ausgabe:
trans texas GmbH, Köln
Übersetzung: Wiebke Krabbe, Damlos;
Brigitte Rüßmann und Wolfgang Beuchelt, Köln
Satz und Projektmanagement: Nazire Ergün, Köln

ISBN 978-1-4075-4256-0

Printed in Indonesia

Hinweis des Autors
Zahlenangaben zu Arten, Größen von Waldgebieten und Einwohnern von Städten variieren teilweise von Quelle zu Quelle erheblich. Gerade in Indien verändern sich die Verhältnisse so schnell, dass genaue Zahlen schwer zu ermitteln sind. Die in diesem Buch genannten Zahlen sollen daher lediglich einen Eindruck von der erstaunlichen Artenvielfalt des Landes geben. Die Leser sollten sich bewusst sein, dass in Indien – wie überall auf der Welt – jede Woche viele Hektar Wald durch Abholzung oder Brände verschwinden, dass Arten erschreckend schnell aussterben und Menschen an andere Orte umziehen.

INDIEN

Gill Davies

Parragon

Bath · New York · Singapore · Hong Kong · Cologne · Delhi · Melbourne

INHALT

EINLEITUNG

Indien ist die Wiege der Menschheit, die Geburtsstätte der menschlichen Sprache, die Mutter der Geschichte, die Großmutter der Legenden und die Urgroßmutter der Tradition.
... Mensch und Natur haben nichts ungetan gelassen, um Indien zum außergewöhnlichsten Land zu machen, das die Sonne auf ihrer Runde besucht.

Mark Twain, amerikanischer Schriftsteller und Journalist (1835–1910)

Indien ist ein exotisches Land mit einer lebendigen Kultur, ein Land großer Kontraste mit verschiedensten Klimaverhältnissen – sengende Sommer, heftige Monsunregen und in höheren Lagen Kälte, Schnee und Eis. In dem bevölkerungsreichen Land arbeiten Millionen von Menschen in den hektischen Großstädten und Seehäfen, andere leben in kleinen Städten und Dörfern, die verstreut an der Küste, an Flüssen und hoch in den Bergen liegen. Auch die Landschaft hat viele Gesichter – von breiten Stränden am warmen Meer bis zu feucht-heißen Dschungeln, von salzwasserüberfluteten Mangroven über trockene Wüsten und sanfte Hügelregionen bis zu eindrucksvollen Hochgebirgen mit schneebedeckten Gipfeln.

Im Laufe einer langen, wechselhaften Geschichte entwickelten sich lebendige, von Gegensätzen gezeichnete Städte. Über Jahrhunderte kamen hier Menschen unterschiedlichster Herkunft zusammen, sodass eine außergewöhnliche Kultur entstand, die nach heutigen Schätzungen etwa 2000 ethnische Gruppen umfasst. Das Land hat eine faszinierende Geschichte, in der sich seit etwa 2500 v. Chr. verschiedene Zivilisationen abgelöst haben. Seine Ursprünge reichen aber viel weiter zurück. Die ersten Menschen entdeckten vor etwa 500 000 Jahren das fruchtbare Land. Indien hieß die Neuankömmlinge willkommen und gab ihnen Nahrung, nicht nur für den Körper, sondern auch für den Geist – Grundlage für die Entstehung verschiedenster Kulturen.

Fruchtbare Flusstäler und eine vielfältige Tierwelt waren die besten Voraussetzungen für die Jäger und Sammler, sich niederzulassen und das Land zu bestellen. Werkzeuge aus dieser Zeit findet man noch immer im Flusstal des Indus, das heute als eine der Wiegen der Zivilisation gilt. Schon vor etwa 5000 Jahren

blühte hier eine erstaunlich frühe Kultur, die sich zu einer der einflussreichsten Zivilisationen der Erde entwickeln sollte.

Regierungen kamen und gingen, Religionen trafen aufeinander und beeinflussten sich gegenseitig, die Grenzen verschoben sich, Könige und Prinzen lösten einander ab. Im 3. bis 5. Jahrhundert war Nordindien unter der Gupta-Dynastie vereint und erlebte ein goldenes Zeitalter, in dem die hinduistische Kultur und das Staatswesen erblühten. Spätere Invasionen brachten islamische Einflüsse ins Land, reiche Maharadschas ließen prächtige Bauten errichten, das Mogulreich und das Britische Empire hinterließen ihre Spuren in dem kulturellen Schmelztiegel. Während dieser Zeit gediehen Kunst, Literatur und Wissenschaften. Indiens Beitrag zur Entwicklung der modernen Medizin beispielsweise ist von enormer Bedeutung.

Mit mehr als 1,1 Milliarden Einwohnern (Schätzung 2007) steht Indien in Bezug auf die Bevölkerungszahl an zweiter Stelle nach China. In Indien lebt etwa ein Sechstel der gesamten Weltbevölkerung, es gibt 22 von der Verfassung anerkannte Haupt- und Religionssprachen und fast 900 regionale Dialekte. Der Subkontinent ist die Geburtsstätte vier großer Weltreligionen – des Hinduismus, des Buddhismus, des Jainismus und des Sikhismus. Mehr als 80 Prozent der Einwohner sind Hindus, daneben gibt es größere Gruppen von

Oben: *Henna-Malereien, Mehndi genannt, sind ein traditioneller Festtagsschmuck. Vor allem zu Hochzeiten werden die Hände und Füße der Braut mit kunstvollen Mustern bemalt.*

Rechts: *Das farbenfrohe Fresko umfasst viele Aspekte der indischen Kultur – dekorative Üppigkeit, Geschichte, Tradition, Kleidung, Vögel, Blumen und Elefanten.*

Muslime, Christen, Sikhs und Jainas sowie Angehörige kleinerer Glaubensrichtungen, zu denen die Buddhisten zählen.

Heute befindet sich auf dem Subkontinent die größte Demokratie der Welt. Das historische Erbe und die Glaubensvielfalt drücken sich auch in der Architektur des Landes aus, in prächtigen Palästen, eindrucksvollen Tempeln, stattlichen Stupas (Monumente, in denen Reliquien von Buddha aufbewahrt wurden) und stillen Klöstern. Weltbekannt ist der Taj Mahal in Agra, ein berühmtes Mausoleum, dessen blütenweißer Marmor im Licht von Mond und Sonne stetig seine Tönung ändert.

Indien ist ein Land der Kontraste. Hier gibt es noch Dörfer, in denen die Frauen ihre Wäsche im Fluss waschen – stets auf der Hut vor hungrigen Krokodilen. Und es gibt riesige Metropolen, die sich mit jeder modernen Weltstadt messen können. Es gibt exotische, farbenprächtige Basare, in denen die Kunden um Seidenstoffe, Schmuck, Fisch, Obst und Gewürze feilschen, aber auch moderne Supermärkte und elegante Einkaufszentren.

Indien beherbergt nicht nur 17 Prozent der Weltbevölkerung, sondern auch eine enorme Vielfalt an Tieren und Pflanzen. Vor etwa 65 Millionen Jahren stieß die tektonische Platte, auf der der indische Subkontinent liegt, mit der Asiatischen Platte zusammen, wurde dabei aber durch den Himalaja im Norden geschützt, sodass sich die Lebensräume der Tiere und Pflanzen kaum veränderten. Einige Arten sind nach und nach hinzugekommen – über die Berge gewandert oder an den Küsten gestrandet. Seit jeher ist Indien die Heimat einiger sehr ungewöhnlicher Arten, die in den nahrungsreichen Wäldern und Ebenen ihr Zuhause haben. Die neu hinzugekommenen Arten haben sie nicht verdrängt, sondern den Artenreichtum des Landes nur vergrößert.

Wissenschaftlichen Schätzungen zufolge gedeihen in der faszinierenden Landschaft Indiens mindestens 45 000 Pflanzenarten, darunter 15 000 Blütenpflanzen, und über 65 000 Tierarten. Dieser Artenreichtum hat auch die Kultur beeinflusst, denn er diente als Inspiration für viele Werke der Kunst und Literatur und ist mit zahlreichen Mythen und Legenden verflochten. Indiens Nationalvogel ist der schillernde Pfau, das Nationaltier der pirschende Tiger, die Nationalblume der duftende Lotos. Sie alle sind so eindrucksvoll wie die Nation, für die sie stehen. Der Subkontinent ist die Heimat des bedrohten Indischen Elefanten, des scheuen Schneeleoparden, des Faultiers, des Asiatischen Löwen, des Indischen Nashorns und vieler schreiender Affenarten, die durch die Bäume klettern. In den Meeren rings um Indiens Küsten schwimmen Mantarochen, Wale und Seeschlangen. Im Landesinneren findet man zahllose Reptilien, darunter fast 400 Schlangenarten wie den Indischen Python, den Krait oder die Königskobra, deren schillernder Körper 3 bis 4 m lang werden kann.

Wie überall auf der Welt ist auch die Artenvielfalt Indiens bedroht. Lebensräume vieler Arten verändern sich und schrumpfen. Wälder werden abgeholzt, Flüsse verschmutzt oder gestaut, die Meere leiden unter Schmutz und Überfischung, sodass immer mehr Arten aussterben. Teile der indischen Flora und Fauna verschwinden in erschreckendem Tempo. Zu den meistbedrohten Arten gehört der Bengalische Tiger: Vermutlich leben nur noch 3000 bis 4000 Tiere in freier Natur. Glücklicherweise gibt es noch große, unversehrte Gebiete. Zusätzlich sorgen auch in Indien Naturschutzprogramme für den Erhalt der Lebensräume und der Artenvielfalt. Große Nationalparks und Schutzgebiete wurden vor allem zur Rettung der Tiger eingerichtet, deren Zahl jedoch noch immer rapide abnimmt.

Indien ist ein Land, das alle Sinne anspricht. Es verzaubert mit einer großartigen Landschaft, mit farbenfrohen Festen und bunten Kleidern, mit den würzigen Düften und Aromen der indischen Küche, mit den beschwörenden Rhythmen von Musik und niederprasselndem Monsunregen und mit der Wärme der Sonne, die auf dieses herrliche Land scheint.

Gegenüber: *Die historische Stadt Mumbai im rosa Schein des Morgenlichts. In der sogenannten City of Gold, der Heimat der Bollywood-Filme, wetteifern alte und neue Gebäude um Aufmerksamkeit.*

Links: *Die alte „blaue Stadt" Jodhpur ist von einer dicken Mauer umgeben. Die Stadt mit den schönen Palästen, Festungen, Tempeln und Basaren liegt im Zentrum einer der beliebtesten Regionen Indiens: Rajasthan.*

KÜSTEN UND INSELN

Der indische Subkontinent bildet auf der Landkarte fast ein Dreieck, das im Süden zu einer Spitze ausläuft, unter der wie ein Tropfen der eigenständige Staat Sri Lanka liegt. Weil die ungewöhnliche Kontur den Blick nach innen lenkt, übersieht man leicht die ebenfalls zu Indien gehörenden Inseln. Sie liegen locker verstreut vor den Festlandsküsten inmitten der artenreichen Meere.

KÜSTEN UND INSELN

Rings um die unregelmäßige Kontur des indischen Subkontinents erstrecken sich mehrere kleine Meere und der riesige Indische Ozean. Regen kommt von Juni bis Oktober von Südwesten über das Meer. Von Oktober bis Dezember wird die Küste oft von heftigen Stürmen und Zyklonen gebeutelt.

Eine Küstenebene verläuft entlang des Arabischen Meeres, von Gujarat im Norden bis Kerala im Süden. Durchbrochen ist sie von kleinen Flüssen, die in den Westghats entspringen und hier ins Meer münden. Die südlichste Landspitze Indiens ist Indira Point auf den Nikobaren, die etwas südöstlich der Spitze in Richtung Sumatra liegen. An der Südspitze des indischen Festlandes befindet sich Kanyakumari, wo der Indische Ozean, der Golf von Bengalen und das Arabische Meer zusammenfließen. Ein Bad in diesem Wasser gilt bei den Hindus als besonders heiliger Akt. Die Stadt ist berühmt für ihre spektakulären Sonnenauf- und -untergänge, die an verschiedenen Aussichtspunkten zu bewundern sind.

Entlang der Ostküste am Golf von Bengalen erstrecken sich die Ostghats. Das Küstengebirge reicht vom Bundesstaat Westbengalen bis zum Bundesstaat Tamil Nadu. Es ist durchsetzt

Oben: *Ein traditionelles Fischerboot gleitet durch das ruhige Wasser. Vor der 3000 km langen Küstenlinie Indiens leben Haie, Barrakudas, Marline, Tigergarnelen, Thunfische und Zackenbarsche.*

Rechts: *Vögel waten bei Ebbe über den feuchten Strand, der im Sonnenuntergang silbrig rosa schimmert. So friedlich ist das Wetter an Indiens Küsten allerdings nicht immer.*

von Ebenen und Flussmündungen. Eines der wichtigsten Produkte dieser Region ist Reis, der vor allem in der fruchtbaren „Reisschüssel" von Orissa angebaut wird. Schon seit mehr als 5000 Jahren ist Reis ein wichtiger Wirtschaftsfaktor für Indien, und sein Anbau bietet vielen Menschen Arbeitsplätze. Reis wird zu fast allen Mahlzeiten serviert.

Auch der Fischfang hat eine lange Tradition. Beim ersten Vollmond im August feiern die Fischer an der Ost- und der Westküste das Nariyal-Fest, auf dem sie den Meeresgott um die Erlaubnis zum Fischfang und um einen guten – lebenswichtigen – Fang bitten. Traditionell werden zu diesem Fest Süßigkeiten aus Kokosnuss serviert.

Das Arabische Meer

Die Westküste Indiens grenzt an das Arabische Meer, den nordwestlichsten Teil des Indischen Ozeans. Im Norden, nahe der pakistanischen Stadt Karachi, mündet der große Fluss Indus in einem beeindruckenden Delta ins Arabische Meer. Weiter südlich befindet sich die große Hafenstadt Mumbai, die seit Jahrhunderten ein wichtiger Knotenpunkt der Handelsbeziehungen zwischen Europa und Indien ist. An seiner breitesten Stelle ist das Arabische Meer, das sich von der indischen Küste bis zur arabischen Halbinsel erstreckt, etwa 2400 km breit.

In diesem Gebiet gibt es zahlreiche Korallenriffe, mit Seegras bewachsene Muschelbänke, Sand- und Wattstrände, Tangfelder und Mangrovensümpfe. Barrakudas, Lippfische und Demoisellen tanzen durch das Wasser. Seekühe, Schildkröten, Delfine und Indische Schweinswale schwimmen umher, Mantarochen scheinen zu segeln, Kraken und Tintenfische schwenken ihre Fangarme, und gelegentlich sieht man Walhaie, Pottwale, Blauwale und Buckelwale, die Giganten der Meere.

Rechts: *Ein springender Buckelwal ist ein beeindruckender Anblick. Männliche Tiere erzeugen ganz komplexe „Gesänge". Einige davon dienen dem Anlocken ihrer Beute.*

Gegenüber: *Silbrige Barrakudas mit typischen Querstreifen können bis zu 1,8 m lang werden. Die wendigen Raubfische haben lange, spitze „Fangzähne".*

Der Golf von Bengalen

Vor der Ostküste des indischen Subkontinents liegt der Golf von Bengalen, an den sich weiter östlich das Andamanische Meer anschließt. Der Ganges, der Brahmaputra und mehrere andere große Flüsse münden in den Golf von Bengalen und bringen fruchtbaren Schlamm mit, den sie in Deltamündungen und flachen Buchten ablagern.

Die bekannte bengalische Redensart „Baro Mase Tero Parban" bezieht sich auf die 13 Feste, die im Laufe des Jahres stattfinden – eine Anspielung auf die große Zahl von Feierlichkeiten. Naba Barsho ist das bengalische Neujahrsfest, zu dem Blumenschmuck, Opfer in den Tempeln und Besuche in den neu dekorierten Geschäften gehören. Rathayatra, das im Juni oder Juli in Mahesh begangen wird, ist ein einwöchiges Fest, bei dem die Menschen Hindu-Gottheiten auf Wagen aus den Tempeln ziehen und wieder zurückbringen.

Im Golf von Bengalen gibt es zahlreiche Korallenriffs und Mangroven. Viele Fische kommen zum Laichen hierher. In den Küstengewässern leben Schildkröten, Seeschlangen, Wale, Marline, Barrakudas, Thunfische und Delfine. Das Klima ist warm und angenehm, aber gelegentlich kommen heftige Monsunregen und verheerende Wirbelstürme vor. Weil sich die tektonische Platte, auf der Indien liegt, allmählich nach Nordosten verschiebt, ist in einigen Gebieten verstärkt mit Erdbeben, Vulkanaktivität und Flutwellen zu rechnen.

Oben: *Ein traditionelles Fischerboot bei Sonnenuntergang am Strand.*

Links: *Fischer im Golf von Bengalen, einem der größten Ökosysteme der Welt.*

Der Indische Ozean

Indiens Südspitze ragt in den mächtigen Indischen Ozean vor, den drittgrößten Ozean der Erde. Er macht rund ein Fünftel der gesamten Meeresoberfläche der Welt aus, erstreckt sich auf einer Breite von 10 000 km zwischen den Südspitzen Afrikas und Australiens und besitzt eine Gesamtfläche von ungefähr 73 440 000 km^2.

Hier findet man artenreiche Korallenriffs, räuberische Haie, exotische Seesterne und Schildkröten. Auch Salzwasserkrokodile (*Crocodylus porosus*) fühlen sich hier wohl – manche werden über 5,5 m lang und fast 1 t schwer. Die mächtigen Tiere leben in Flussmündungen und sumpfigen Küstenregionen, im Flachwasser der Küste und der Flüsse von Kochi an der Westküste bis zu den Sundarbans in Westbengalen und den Andamanen. Möglicherweise standen diese äußerst aggressiven Krokodile Pate für manche alten Legenden über Drachen und Seeungeheuer.

Im Andamanischen Meer nördlich von Sumatra treten immer wieder Seebeben auf – hier entstand auch der verheerende Tsunami, der 2004 mit Wellen bis 10 m Höhe über den Indischen Ozean raste und mindestens 16 000 Küstenbewohner in Indien das Leben kostete.

Oben: *Die Statue von Thiruvalluvar, einem gefeierten tamilischen Dichter, steht bei Kanyakumari an der Südspitze Indiens, wo der Golf von Bengalen, das Arabische Meer und der Indische Ozean zusammentreffen.*

Gegenüber oben: *Fischer in Kochi spannen ihre Netze mit Seilen. Hier befindet sich eine der größten Fischereiflotten Indiens, die über 400 Trawler umfasst.*

Links: *Ein Salzwasserkrokodil reißt sein Maul auf. Die Männchen dieser größten Krokodilart können über 5,5 m lang und fast 1 t schwer werden.*

Geschichte von Seefahrt und Handel

An Indiens Küsten geht es von jeher geschäftig zu. Schon um 3000 v. Chr. segelten Händler in den Süden Arabiens, um Teakholz und Weihrauch aus Indien gegen Weizen, Käse und Gerste einzutauschen. Heute ist die Fracht weniger romantisch, aber ebenso wertvoll: 100 000 t Öl befördern die Tanker routinemäßig über die Gewässer zwischen Jemen und Mumbai.

Zu Indiens interessanter Seefahrtgeschichte gehört auch das erste Gezeitensperrwerk in Lothal, einer bedeutenden Stadt im Industal, die vor etwa 4500 Jahren entstand. Sie liegt in der Nähe des heutigen Ahmedabad im Bundesstaat Gujarat. Von hier und von anderen alten indischen Häfen aus segelten Handelsschiffe nach Mesopotamien und Persien. So entwickelte sich Lothal zu einem wichtigen Umschlagplatz für Perlen, Edelsteine und erlesene Dekorationen. Archäologische Ausgrabungen haben gezeigt, dass die Gelehrten aus Lothal einen ringartigen Zirkel benutzten und möglicherweise bereits zwei Jahrtausende vor den Griechen die Sterne studierten und sich mit Navigation beschäftigten. Die alte Stadt wurde erst 1954 entdeckt.

Man nimmt an, dass die Ägypter schon zwischen 2900 und 2200 v. Chr. die nordwestlichen Gebiete des Indischen Ozeans erkundeten. Es ist nicht dokumentiert, ob und wann sie den gefährlichen Ozean überquerten, aber sie kannten Produkte aus Indien. Auch in der Bibel ist von Schätzen die Rede, die König Salomos Flotte nach Hause brachte und die aus Indien stammen könnten. Vielleicht wurden seine meereskundigen Seefahrer ausgesandt, um Gold, Silber und Edelsteine aus dem exotischen Land der stolzierenden Pfauen und glitzernden Schlangen zu holen.

Der erste Grieche, der Indien im 5. Jahrhundert v. Chr. bereiste und darüber berichtete, soll Skylax von Karyanda gewesen sein. Außer Frage steht, dass der makedonische Heerführer Alexander der Große im Jahre 327 nach der Unterwerfung Syriens, Ägyptens und Persiens in den Punjab einmarschierte, das Land der fünf Flüsse, das damals von König Porus regiert wurde. Alexanders Truppen scheuten selbst vor Kampfelefanten nicht zurück und hielten das Land kurze Zeit besetzt. Doch dann zwang die Kampfesmüdigkeit seiner Truppen Alexander zum Rückzug nach Arabien. Danach rückte Indien in weite Ferne, über lange Zeit wagten sich nur furchtlose Händler hierher.

Oben: *Die starke Nachfrage nach kostbaren asiatischen Gewürzen war für viele Seefahrer und Händler Grund genug, neue Wege in den Osten zu suchen.*

Gegenüber: *Plakat einer europäischen Reederei. In der Kolonialzeit wurden viele Schifffahrtslinien zum Transport der begehrten Produkte aus Indien gegründet.*

Rechts: *Die alte Kanone ist mit einem Gesicht verziert. Holländer, Franzosen, Briten und Portugiesen bauten Festungen, um die Küste zu schützen.*

Um 118 v. Chr. entdeckte ein Patrouillenboot Schätze eines indischen Segelschiffs im Roten Meer. Physcon, der Überlebende des Schiffsunglücks, wurde dem Pharao Ptolemäus VIII. vorgeführt und segelte später mit Eudoxus, einem griechischen Navigator im Dienst des Pharaos, in seine Heimat zurück. Eudoxus kehrte mit einer Ladung aromatischer Gewürze, Duftstoffe und Edelsteine nach Ägypten zurück und begründete damit die Handelsbeziehungen zu Indien.

Der Überlieferung zufolge erlebte der Handel mit dem Osten um das Jahr 15 einen Aufschwung. Damals studierte ein Kapitän namens Hippalus den Rhythmus der Monsunwinde und entdeckte, dass die starken Winde und Strömungen zur Überquerung des Indischen Ozeans von Nutzen sein könnten. Er soll den Seeweg vom Roten Meer nach Südindien entdeckt haben.

Der Handel blühte auch in der Antike, als Griechen und Römer Seide aus China einkauften. Die Beliebtheit von Luxusgütern aus Indien brachte das Römische Reich dem Bankrott nahe, sodass im Senat darüber diskutiert wurde, die Herstellung von Togas aus indischer Baumwolle zu verbieten. Mit der Zeit bauten auch die Araber ihre Handelswege in den Fernen Osten über Indien aus. Durch die Kreuzzüge wuchs in Europa das Wissen über Asien, das durch die Reisen von Missionaren und Entdeckern wie Marco Polo erweitert wurde. Die Chinesen betrieben um 1100 Seehandel im Golf von Bengalen.

Schon während der Dynastie der Mauryas (325 bis 185 v. Chr.) wurden in Indien gute Schiffe gebaut; am Indus befasste man sich bereits vor 5000 Jahren mit Navigation. Jahrhunderte später machten die Cholas, deren Großreich in Südindien von etwa 980 bis 1250 bestanden hatte, durch ihre außerordentlichen Schiffbau- und Navigationskenntnisse von sich reden. Der Seehandel blühte, und letztlich trugen Indiens fähige Seefahrer dazu bei, dass sich die Kultur (und mit ihr Hinduismus und Buddhismus) nach Java, Sumatra, Indonesien und in andere Länder Südostasiens ausbreitete.

Die Seefahrer nutzten Wind und Strömung des Monsuns für ihre Reisen. Vom 9. bis 15. Jahrhundert beschrieben arabische und persische Steuermänner, wie sie die Ozeane überquerten, um indische Häfen anzulaufen. Lange vor der Entdeckung Amerikas im

Jahre 1492 (Kolumbus hatte eigentlich vor, einen neuen Seeweg nach Indien zu finden) brachen viele Seefahrer aus Europa auf, um die Küsten Indiens zu erkunden und Handelswege für die kostbaren Schätze des Ostens – Baumwolle, Pfeffer und andere wertvolle Gewürze wie Zimt – zu suchen.

Als Konstantinopel 1453 an das Osmanische Reich fiel, übernahmen muslimische Kaufleute die Handelsposten im Schwarzen Meer und die Handelswege zu Land. Nun war es für europäische Händler umso wichtiger, neue Möglichkeiten zu finden, um an die kostbaren Güter aus dem Osten zu gelangen. Die Zeit war reif für den portugiesischen Seefahrer Vasco da Gama, der 1497 in Lissabon in See stach, das Kap der Guten Hoffnung umsegelte, den Indischen Ozean überquerte und im Mai 1498 Indiens Südwestküste in der Nähe von Kalkutta erreichte. Er widerlegte damit die Theorie, dass der Indische Ozean ein Binnenmeer ist, gründete Handelsposten, unterwarf die Einheimischen und übernahm die Kontrolle über den Gewürzhandel. Die Seereise dauerte länger als der Transport über Land, doch der Seeweg war billiger, und das Risiko, von Piraten angegriffen zu werden, war geringer als die Gefahr von Überfällen auf den Landwegen.

Bald erkundeten auch Schiffe aus England, Holland und Frankreich die Ozeane, und in den Meeren um Indien tummelten sich Forscher, Entdecker und Händler. Im Jahre 1500 entdeckte der Portugiese Pedro Álvares Cabral als erster Europäer den Seeweg nach Brasilien, als seine Schiffe auf einer Reise nach Indien die weiter westlich liegenden Gebiete erkundeten. Obwohl er am Kap der Guten Hoffnung Schiffbruch erlitt und in Indien gegen muslimische Händler kämpfen musste, konnte Cabral vor seiner Rückkehr nach Portugal Handelswege für indische Gewürze erschließen. Zehn Jahre später segelte Afonso de Albuquerque zu den Gewürzinseln (den indonesischen Molukken), zerstörte die Stadt Kalkutta und besetzte Goa für die Portugiesen. Damit hatte die europäische Kolonialisierung endgültig begonnen.

Oben: *Die Stadt Mumbai (Bombay) ist ein wichtiger Handelsknotenpunkt. Sie besitzt einen Naturhafen mit drei großen Kaianlagen. Neben modernen Frachtschiffen sieht man hier auch traditionelle Boote.*

Gegenüber: *Kerala liegt an der tropischen Malabar-Küste in Südwestindien, wo schon vor langer Zeit Kaufleute aus Westasien und Südeuropa Handelsposten gründeten.*

Die Küste von heute

Auf einer Seereise entlang der indischen Küste bekäme man viele der berühmten, geschäftigen und bedeutenden Hafenstädte zu sehen. Der Großteil der Bevölkerung (etwa 70 Prozent) lebt jedoch noch heute in Dörfern.

Der Golf von Kutch ist eine Bucht des Arabischen Meeres an der nördlichen Westküste Indiens mit 42 kleineren Inseln. In dem hier gelegenen marinen Nationalpark gleiten Seekühe und Tümmler (Indische Schweinswale) an Korallenriffs vorbei, auf denen etwa 200 verschiedene Schwammarten leben. An den Stränden legen Lederschildkröten, Grüne Meeresschildkröten und Oliv-Bastardschildkröten ihre Eier ab. In den Mangroven der Nordwestküste suchen etwa 30 Arten von Zugvögeln Schutz vor Stürmen, ehe sie ihren Flug fortsetzen.

***Oben:** Karnataka, früher Sitz bedeutender Herrscherhäuser, hat eine 320 km lange Küste. Nahe der Tempelstadt Gokarna liegen fünf herrliche Strände.*

***Gegenüber:** Die vom Aussterben bedrohte Grüne Meeresschildkröte ist häufiger vor Indiens Westküste als vor der Ostküste zu sehen. Leider sterben viele Tiere, weil sie sich in Fischernetzen verfangen.*

Oben: *Eine Pferdedroschke in Mumbai vor einem Gebäude aus der Kolonialzeit. Händler und Schlangenbeschwörer versuchen, die Aufmerksamkeit der Passanten zu erregen.*

Ganz oben: *Der Gateway of India am Hafen von Mumbai ist schon von Weitem zu erkennen, wenn man sich vom Meer her der Stadt nähert. Der Bau mit den stämmigen Bögen und Minaretten lehnt sich an die mittelalterliche Gujarati-Architektur an.*

Das Gebiet um Mumbai

Mumbai (das einstige Bombay) ist nicht nur die größte Stadt Indiens, sondern verfügt auch über den größten Hafen. Keine indische Stadt besitzt mehr westlichen Charakter als diese dicht bevölkerte Metropole, die zugleich Industriezentrum und wirtschaftliche Drehscheibe des Landes ist. Es ist eine Stadt der Kontraste, in der elegante Straßen mit noblen Gebäuden neben unbefestigten Gassen mit windschiefen Hütten und Obdachlosen existieren. Entstanden ist Mumbai auf sieben Inseln, zwischen denen sich gute Fischfang- und Ankergründe befanden. Diese Eigenschaft führte dazu, dass die Stadt, über der eine Festung aus der Kolonialzeit aufragt, sich zu einem bedeutenden Hafen und Zentrum des Schiffbaus entwickelte. Heute findet man hier eine faszinierende Mischung aus Basaren, Einkaufszentren, Villen aus der Kolonialzeit und modernen Wolkenkratzern.

Das berühmteste Wahrzeichen der Stadt ist der Gateway of India, eine Art Triumphbogen, der zur Erinnerung an den Besuch von König Georg V. und Königin Mary errichtet wurde. Daneben ragt das rote Kuppeldach des Taj-Mahal-Hotels empor. Beide Gebäude sind mit aufwendigen Schnitzereien verziert, ein Charakteristikum auch der Victoria Station. Von diesem Bahnhof fuhr 1853 der erste Zug Asiens ab.

Mumbai ist ein Schmelztiegel der Religionen, und jede besitzt ihre besonderen Bauten – von der eindrucksvollen weißen Haji-Ali-Moschee über christliche Kirchen, etwa die St.-Thomas-Kathedrale, bis zu Jaintempeln oder dem hinduistischen Mumba-Devi-Tempel in Bhuleshwar im Süden Mumbais.

Zu den bekanntesten Sehenswürdigkeiten der Stadt gehören neben dem berühmten wissenschaftlich ausgerichteten Mumbai Center die aus dem 7. Jahrhundert stammenden Höhlentempel auf der Insel Elefanta. Sie wurden zu Ehren des Gottes Shiva gebaut, und man erreicht sie über eine Säulenveranda, die von Elefantenskulpturen flankiert ist. Im Inneren befinden sich prächtige Schnitzereien, darunter eine große Shiva-Statue. Im Winter findet auf dieser wunderschönen Insel ein Tanzfestival statt. Das Fischerdorf Worli im Süden Mumbais ist über 600 Jahre alt.

Viele Einheimische bauen Baumwolle, Zucker, Erdbeeren und Mangos an. An der Küste südlich von Mumbai werden Kokospalmen und Gewürze kultiviert, dazwischen liegen über 2000 Jahre alte Fischerdörfer. Weiter im Landesinneren, wo der Boden vom Monsunregen aufgeweicht wird, wird Reis angebaut, außerdem gibt es Cashew-, Betelnuss- und Kautschukbaum-Plantagen. Die Häuser in den Dörfern haben typische steile Dächer, von denen die Regenmassen leicht abfließen.

Oben: *Ein Fahrrad, schwer beladen mit Kokosnüssen. Mumbai – entstanden auf sieben Inseln. Die ersten Kolonialherren waren im Jahre 1534 die Portugiesen, die die Stadt Bom Bahia (gute Bucht) nannten.*

Ganz oben: *Eine der vielen quirligen Durchgangsstraßen in der dynamischen Stadt Mumbai, dem kosmopolitischen Finanzzentrum mit Hafen auf einem schmalen Kap.*

Bollywood

Mumbai ist das Zentrum der indischen Filmindustrie, die den Spitznamen Bollywood trägt. In dem weltgrößten Studiokomplex wurden mehr Filme produziert als im amerikanischen Hollywood, und in ganz Indien sind die Produktionen beliebt. Angeregt durch den Cinematografen der Brüder Lumière, mit dem 1896 im Watson-Hotel in Bombay sechs Kurzfilme vorgeführt wurden, begann H. S. Bhatavdekar als erster Inder, in Bombay Filme zu drehen. Meist handelt es sich um glamouröse, romantische Werke, die den Zuschauern eine Flucht aus dem oft schwierigen Alltag erlauben – und großen Anklang finden.

***Gegenüber links und rechts**: Mumbai ist stolz auf den Bollywood-Kult. Überall sieht man große Plakatwände mit Filmpostern.*

***Gegenüber unten:** Ein Künstler bei der Arbeit in seinem Atelier in Mumbai.*

***Links:** Aishwarya Rai, Bollywood-Star und ehemalige Miss World, in einer Tanzszene aus* Bride and Prejudice *aus dem Jahre 2004. Eine der bedeutendsten Darstellerinnen der ersten Tonfilme in den 1930er-Jahren war Devika Rani.*

***Unten:** Shilpa Shetty in dem Thriller* Khamosh. *Im Kielwasser der Bollywood-Begeisterung hat sich ein großer Merchandising-Markt entwickelt, der Produkte vom Handy-Klingelton bis zum Parfüm umfasst.*

Goa und Umgebung

Weiter südlich an der Küste liegt Goa, wo im 15. Jahrhundert die ersten portugiesischen Handelsschiffe festmachten. Die feinen Sandstrände mit Kokospalmen und die eleganten Bauten im portugiesisch-indischen Kolonialstil locken heute viele Touristen an. An manchen der langen Strände gibt es Lagunen und heiße Quellen, und dahinter erstreckt sich ein breiter Waldgürtel. Für den Fortbestand der tropischen Vegetation sorgt der reichliche Regen. Hier gedeihen außergewöhnliche Pflanzen, von denen einige von den Portugiesen eingeführt wurden – darunter der grüne Chili, der heute ein wichtiger Bestandteil von Currymischungen ist.

Goa ist berühmt für seine abwechslungsreiche Fischküche, vor allem Fischcurry mit Reis. Kokosnüsse und Kokosöl werden häufig verwendet, und zu Festtagen serviert man ein Gemüse-Schmorgericht namens Khatkhate.

In dem feucht-warmen Klima gedeiht eine üppige Vegetation, die vielen Vögeln, Säugetieren und Reptilien Lebensraum bietet. Besonders groß ist die Artenvielfalt im Naturschutzgebiet Goas, das zehn Prozent der Gesamtfläche des Bundesstaates einnimmt. In dem nach dem berühmten Ornithologen Salim Ali benannten Vogelschutzgebiet finden sich einheimische Arten und Zugvögel ein. Neben Küstenvögeln leben hier auch Flughunde, Schakale, Krokodile sowie zahllose Fische, Schlangen und Insekten.

Die Küstenlinie führt weiter an Mangalore vorbei, wo sich Cashew-, Pfeffer- und Kaffee-Plantagen mit weiß getünchten Kirchen, Moscheen und Häusern mit Tonpfannendächern zwischen Kokoswäldchen abwechseln. Früher haben arabische Händler den Hafen genutzt, später Portugiesen und Briten.

Oben: *Die prächtige, 1652 erbaute Kathedrale St. Catherine of Alexandria ist die größte Kirche Asiens. Sie ist eins der berühmtesten und ältesten Gebäude Goas und die Hauptkirche aller auf Goa lebenden Christen.*

Gegenüber: *Palmen im Sonnenuntergang – die Sehnsucht nach Erholung lockt viele Touristen nach Goa, doch es gibt dort auch großartige Tempel und interessante Naturreservate zu sehen.*

Oben: *Goas Konkan-Küste verfügt über geschäftige Strände, aber es gibt auch ruhigere Abschnitte, an denen nur hier und da einige Boote liegen.*

Rechts: *Im Bundesstaat Karnataka suchte schon Kaiser Chandragupta (geboren ca. 340 v. Chr.), der Gründer der Maurya-Dynastie, Ruhe.*

Die Lakkadiven

Im Südwesten liegen etwa 200 bis 400 km vor der Küste Keralas die Lakkadiven, ein Korallenparadies mit azurblauem Wasser und 36 Inseln, die zwischen zwölf Atollen, drei Riffs und fünf versunkenen Inseln verstreut sind. Seit 1956 gehört die Inselgruppe zu Indien.

In den Lagunen wogt und schimmert Seegras, an den Küsten wachsen Brotfruchtbäume und Mandeln. Einsiedlerkrebse verstecken sich, indem sie in größere Schneckenhäuser umziehen. Im Wasser leben rund 600 verschiedene Fischarten, darunter leuchtend bunte Papageifische, Falterfische und Doktorfische mit gefährlich spitzen, aufrichtbaren Stacheln an beiden Seiten des Schwanzes. Die messerscharfen Waffen dieser Fische nennt man treffend Skalpell. Mit ihren kleinen Mäulern knabbern sie winzige Lebewesen von Felsen und Korallen ab. Die einheimische (zumeist muslimische) Bevölkerung baut Kokospalmen an und stellt aus den Fasern Tauwerk, Matratzen und Polstermaterialien her. Von den vielen zauberhaften Inseln sind jedoch nur zehn bewohnt. Die anderen bleiben der Natur überlassen.

Oben: *Einsiedlerkrebse, die meistverbreiteten Krebse auf den Lakkadiven, huschen über die silbrigen Strände in den Schatten der Palmenwäldchen.*

Rechts: *Bootsführer mit Peekstange. Manche Hausboote in Kerala bestehen aus Planken, die mit Kokostauwerk zusammengeschnürt und mit einem schwarzen Harz aus Cashewschalen überzogen sind. Die Konstruktion kommt ohne Nägel aus.*

Kerala

Noch bevor das Christentum Europa erreichte, breitete es sich in Indien aus. In Kerala soll im 1. Jahrhundert der heilige Thomas erste christliche Gemeinden gegründet haben. Heute sind etwa 20 Prozent der Bewohner Christen, 20 Prozent Muslime und 60 Prozent Hindus. Das Durchschnittseinkommen ist höher als in anderen Regionen, auch die allgemeine Gesundheit ist besser. Die Ursache dafür sind wahrscheinlich geschickte Landreformen, die vor über einem Jahrhundert von den herrschenden Prinzen im damals Travancore genannten Gebiet durchgeführt wurden.

Berühmt ist Kerala für seine 900 km langen Sandstrände, hinter denen sich oft smaragdgrüne Nebengewässer befinden. Hier leben auch Fluss- und Sumpfkrokodile. In den noch weitgehend intakten tropischen Regenwäldern trifft man auf zahlreiche Vögel, Land- und Wassertiere. Auch der Artenreichtum der Flora ist beeindruckend. Auf Gewürzplantagen gedeihen Kardamom, Pfeffer und Tee. Im Landesinneren wurden Nationalparks für Elefanten und Tiger geschaffen, um deren Bestand zu erhalten. In Kerala kann man noch Nashornvögel, Eisvögel, Störche, Krickenten, Reiher, Kraniche und Schlangenhalsvögel beobachten.

Die Hauptstadt Thiruvananthapuram (auch bekannt als Trivandrum) wurde nach dem legendären Schlangengott Anantha benannt, auf den sich der Gott Vishnu stützt. Wie Rom wurde die Stadt am Meer auf sieben Hügeln errichtet. Die Geschichte des alten Handelszentrums reicht zurück ins Jahr 1000 v. Chr.

Oben: *Ein Hausboot in einem ruhigen, als Backwaters bezeichneten Nebengewässer von Kerala. In diesem Netzwerk aus Seen, Kanälen und 44 Flussmündungen gibt es noch viele Geheimnisse zu entdecken.*

Oben: *In Kerala gibt es viele luxuriöse Hotels inmitten herrlicher Landschaften mit Kokospalmen (ganz oben). Die „Gewürzküste" von Malabar besitzt feine Sandstrände, die von Palmen gesäumt sind. Hier (oben) werden Palmblätter von einem Elefanten getragen.*

Rechts: *Riesige Tee- und Obst-Plantagen ziehen sich über die sanften Hänge Keralas. Aus der Ferne sehen die sauber gestutzten Sträucher aus wie grüne Kissen.*

Die Südspitze

An der Südspitze Indiens wurde am Golf von Mannar ein Nationalpark geschaffen, der Inseln und Riffs, Strände und Flussmündungen, tropische Laubwälder und Salzmarschen umfasst. Hier gibt es zahlreiche Seegrasarten, über 100 Korallenarten, 37 Gattungen von Hartkorallen und 17 verschiedene Arten von Mangrovenbäumen. Im flachen Wasser und auf den teilweise dicht bewaldeten Inseln des Nationalparks, eine der artenreichsten Küstenregionen Asiens, sind über 3600 Tier- und Pflanzenarten zu finden. Auf und an den Riffs leben Perlaustern und die Gastropodenart *Turbinella pyrum*, Delfine, Heringe, Barrakudas, Weichtiere, Seeanemonen, Krustentiere, Schwämme, Seepferdchen und viele Fisch- und Vogelarten. Fünf Schildkrötenarten legen ihre Eier an den sandigen Stränden ab.

Im flachen, von der Sonne bestrahlten Wasser leben Wasserpflanzen und skurril geformte Korallen in allen Farben von zartem Violett bis zu feurigem Rot. Delfine und vom Aussterben bedrohte Meerestiere wie Seekühe und Wale – darunter Zahnwale, Barten- und Blauwale, Seiwale, Finnwale und Grindwale – tummeln sich zwischen länglichen, warzigen oder stacheligen Seegurken, die sich mit ihren winzigen Saugnapf-Füßen über den Meeresgrund bewegen. Sie können ihre Muskeln kontrahieren, um Wasser auszustoßen. Um Räuber abzuschrecken, pressen sie sogar ihre inneren Organe heraus, die sich später aber regenerieren. Der Golf von Mannar mit den vielgestaltigen Bewohnern im Wasser, am Strand und in der Gezeitenzone ist wahrscheinlich die biologisch interessanteste und artenreichste Küstenregion Indiens, vielleicht sogar ganz Asiens.

Das Point-Calimere-Vogelschutzgebiet, das in den Salzmarschen südlich von Chennai (früher Madras) liegt, ist ein Sammelplatz für viele Wasser- und Zugvögel. Zu den bekanntesten hier vertretenen Vogelarten zählen Möwen, Flamingos, Kiebitze, Krickenten und Seeschwalben. In den trockenen, immergrünen Wäldern, den Mangrovensümpfen und Grasgebieten fühlen sich aber auch viele Säugetiere wie Hirschziegenantilopen, Wildschweine, Axishirsche, Indische Hutaffen und Schakale wohl. Große Schwärme von Flughunden tanzen in den Baumwipfeln, während Delfine und Schildkröten sich bis dicht an die Strände wagen.

Gegenüber: *Ein springender Delfin nahe am Strand. Im Golf von Mannar leben neben verschiedenen Delfinarten auch Seekühe und Schildkröten. Manchmal verfangen sie sich in Fischernetzen.*

Oben: *Schwärme leuchtend bunter Fische schwimmen zwischen den Korallen dieses großen Riffs umher.*

Chennai

Die Hauptstadt von Tamil Nadu hat etwa 6,5 Millionen Einwohner und ist für ihre Tempelbauten und die lebendige Kultur berühmt. Sie ist Schauplatz klassischer indischer Tanzvorführungen, einer aktiven Theaterszene und farbenfroher Festivals. Alte Hindutempel koexistieren friedlich mit der noch jungen tamilischen Filmindustrie, die pro Jahr etwa 300 Filme produziert. Der Kontrast zwischen uralten Tempeln, eleganten Bauten aus der Kolonialzeit und modernen Wolkenkratzern kennzeichnet das Stadtbild. Früher war die Stadt einer der Stützpunkte der britischen Ostindischen Kompanie. In der St.-George-Festung mit den massiven, schrägen Wehrmauern und den Schießscharten, die 1640 errichtet wurde, residiert heute die Regierung von Tamil Nadu.

Viele der eleganten Gebäude Chennais, darunter der Egmore-Bahnhof und die Gebäude der Universität, haben Fassaden in kräftigem Ocker und Rot. Traditionelle Handelskultur findet man noch auf den Basaren von Pondy und Burma, wo man wirklich gutes Madras-Curry genießen kann. Ein typisch tamilisches Menü besteht aus gedämpftem Reis mit bis zu sechs Gemüsebeilagen, die auf Bananenblättern serviert werden.

Die Stadt entstand zwischen den beiden Flüssen Cooum und Adyar, hat sich heute aber darüber hinaus ausgebreitet. Die Flussmündung mit ihren sandigen Ufern bietet vielen Vögeln und Säugetieren Lebensraum. Marina Beach, einer der längsten Strände der Welt, erstreckt sich hier über eine Länge von 13 km. Der Tsunami, der 2004 viele Todesopfer forderte, hat diesem Küstenstrich erhebliche Schäden zugefügt.

Etwa 35 km südlich von Chennai liegt das Naturschutzgebiet Chennai Crocodile Bank, das vor allem der Erhaltung bedrohter Reptilienarten dient. Hier leben inmitten üppiger Vegetation und offener Wasserflächen Tausende von Reptilien, darunter Schildkröten, Monitorechsen und verschiedene indische und afrikanische Krokodile und Alligatoren. Einige werden 7 m lang und bis zu 1000 kg schwer. Sie leben im Flachwasser der Küsten und in Flussmündungen mit Gezeitenbewegung. Diese Krokodile sind aggressiv und als Menschenfresser berüchtigt.

Rechts: *Die Einheimischen sind stolz auf Marina Beach und ihren neuen Leuchtturm. Es ist der längste Stadtstrand in ganz Indien. Im Eishaus an der Zufahrt zum Strand wurde früher Eis von den Großen Seen in Nordamerika gelagert, das per Schiff zu*

INDIA-TSUNAMI RELIEF
15

Hier gibt es auch eine Schlangenfarm, auf der ein Antiserum gegen Schlangenbisse hergestellt wird. Es kann jedem, der Bekanntschaft mit einer Königskobra (*Ophiophagus hannah*) gemacht hat, das Leben retten. Diese überaus gefährlichen Schlangen leben in Flussnähe in Bambusdickichten, Wäldern und dichten Mangrovensümpfen. Sie werden bis zu 5,5 m lang, und ihr Kopf kann so groß wie der eines Menschen werden. Das Gift eines einzigen Bisses reicht aus, um einen Elefanten oder mehr als zehn Menschen zu töten. Auf der Schlangenfarm werden die Kobras „gemolken" – man entnimmt ihren Giftzähnen das Gift und injiziert winzige Mengen davon Pferden. Diese bilden Antikörper, die wiederum isoliert werden, um ein Antiserum herzustellen. Kobragift wird auch zur Schmerzlinderung und zur Behandlung von Krebserkrankungen eingesetzt. Königskobras legen bis zu 50 weiße, ledrige Eier in Nester, die sie aus Laub und kleinen Zweigen bauen. Wenn eine Kobra sich bedroht fühlt, wird sie extrem aggressiv. Sie richtet sich auf und kann dabei etwa ein Drittel des Körpers vom Boden heben und sich in dieser Stellung auch fortbewegen.

Oben: *Mehrere Kobras wirken wie hypnotisiert durch die Musik des Schlangenbeschwörers.*

Rechts: *Am Strand von Chennai herrscht fast immer reger Betrieb.*

Andamanen und Nikobaren

Über 300 Inseln liegen 1000 km östlich von Chennai in der Bucht von Bengalen. Früher nutzten Piraten sie gern als Hinterhalt, um Handelsschiffe aufzubringen. Die Briten kolonisierten die Inseln im 19. Jahrhundert, und christliche Missionare verbreiteten unter den einheimischen Völkern Krankheitskeime, die viele Todesopfer forderten. Später errichteten die Briten in Port Blair ein berüchtigtes Gefängnis. Nachdem Indien 1947 unabhängig geworden war, wurden die Inseln 1950 zum indischen Staatsgebiet erklärt.

Die Einheimischen der Inseln jagen Schweine, Fische und Schildkröten mit Metallharpunen. Angehörige der Sentinelese- und Onges-Völker bemalen noch heute ihre Körper in traditioneller Weise. Die meisten Bewohner leben in Grashütten in den Wäldern und sammeln Nüsse, Wurzeln und Honig. Auch einige Aussteiger aus Indien haben sich angesiedelt. Hindus, Muslime, Christen und Sikhs leben in friedlicher Eintracht. Von jeher sind Landwirtschaft und Fischfang die Haupterwerbsquellen, inzwischen entwickelt sich aber auch der Tourismus und bringt Devisen ins Land.

Beim Tsunami-Unglück 2004 kamen 7000 Inselbewohner ums Leben; die meisten Opfer wurden von der Katastrophe überrascht. Die 10 m hohen Flutwellen, die dem Seebeben folgten, richteten schwere Verwüstungen an. Menschen und Häuser wurden einfach weggeschwemmt.

In dem vom Tsunami betroffenen Gebiet sind 2200 Pflanzenarten dokumentiert, davon 200, die nur dort vorkommen, und etwa 1300, die auf dem indischen Festland nicht zu finden sind. Farne und Orchideen wachsen unter dem immergrünen Laubdach, das auch rund 50 Säugetierarten wie Wildschweinen, Nagern, Fledermäusen, Rehen und Elefanten Lebensraum bietet.

Durch die Luft fliegen große, schillernde Schmetterlinge sowie auf den Andamanen heimische Arten von Ringeltauben, Habichten und Eulen. Im Meer findet man Riesenmuscheln, Grünschalmuscheln, Perl- und Flügelaustern, Jakobsmuscheln, Venusmuscheln und verschiedene Schnecken. Große, seltene Palmendiebe (eine Krebsart) benutzen ihre starken Scheren, um Kokosnüsse zu knacken.

Oben: *Kokospalmen haben lange Adventivwurzeln, die ihnen auch bei tropischen Wirbelstürmen guten Halt im Boden geben.*

Gegenüber: *Eine Mahnwache mit Kerzen wird zum Jahrestag des Tsunamis veranstaltet, der in Südindien und auf den vorgelagerten Inseln verheerende Schäden anrichtete und zahlreiche Todesopfer forderte.*

Kolkata und Umgebung

Fährt man nach Norden Richtung Kolkata (früher Kalkutta), erreicht man den Chilkasee, einen großen Süßwassersee mit unzähligen kleinen Inseln, der sich an der Küste entlangzieht. Viele Zugvögel lassen sich hier nieder, um sich an rund 225 Fischarten gütlich zu tun. Oft kann man Schwärme von Flamingos, Reihern, Kranichen, Löfflern, Störchen und Ibissen beobachten. An den Ufern tummeln sich Bekassinen und Strandläufer. Bachstelzen und Kiebitze gehen auf dem feuchten Sand auf Jagd, Eisvögel und Amseln sieht man in den Bäumen. Hoch oben schweben Milane, Fischadler, Seeadler, Turm- und Wanderfalken. Die reichen Fischgründe ernähren auch die einheimischen Fischer, die hier Krebse, Krabben und Makrelen fangen.

__Oben:__ Bei Kolkata liegt eins der bedeutendsten Feuchtgebiete der Welt, in dessen Lagunen und Seen sich Störche (ganz oben), Reiher (oben) und große Schwärme von Flamingos (rechts) neben Löfflern, Pelikanen und Ibissen versammeln.

Kolkata liegt am Fluss Hoogly und im Mündungsdelta des Ganges. In der Hauptstadt Westbengalens herrscht subtropisches Klima, das in der Monsunzeit zur drückenden Schwüle wird. Die Stadt mit ihren 13 Millionen Einwohnern wird gelegentlich als Kulturhauptstadt Indiens bezeichnet. Es ist die Stadt der Prozessionen und der Lebensfreude, in deren Straßen es von Rikschas und Autos wimmelt. In der Riesenstadt leben Bengalis, Marwaris, Gujaratis, Punjabis, Parsen, Anglo-Indier, Juden, Armenier und Ostasiaten – eine bunte Mischung, die ihr Teil zur Lebendigkeit und kulturellen Bandbreite der Stadt beiträgt.

Die britische Ostindische Kompanie gründete hier 1690 einen Handelsstützpunkt. 1717 gewährte der Mughal-Herrscher dem Unternehmen gegen eine jährliche Zahlung von 3000 Rupien Handelsfreiheit. Die Stadt war Schauplatz eines Scharmützels im Jahre 1756, als die Truppen Nawabs von Bengalen 146 britische Kriegsgefangene in einen winzigen Kerker – das „Schwarze Loch von Kalkutta" sperrten, wo fast alle ums Leben kamen. Ganz unumstritten ist diese Geschichte allerdings nicht. 1772 war Kalkutta die Hauptstadt Britisch-Indiens und blieb Landeshauptstadt, bis sie 1911 durch Neu-Delhi ersetzt wurde. Das 1814 gegründete Indische Museum ist das älteste Museum Asiens. In Kolkata werden viele Feste gefeiert, darunter das Lichterfest Diwali, mit dem die Hindus den Sieg des Guten über das Böse feiern und die Straßen mit Tonlaternen und Feuerwerk zum Leuchten bringen.

Im Landesinneren liegt die historische Stadt Bishnupur (Vishnupur) mit prächtigen Backsteintempeln. Viele tragen einen Turm auf einem quadratischen, gewölbten Dach, das den Strohdächern der bengalischen Hütten nachempfunden ist. Der Ort war einmal Sitz einer einflussreichen Hindu-Dynastie und ist von alten Befestigungsanlagen umgeben. Er ist berühmt für seine Musik, für Kunsthandwerk (darunter Seide und Saris), Produkte aus Muscheln und Metall sowie die Herstellung von Spielzeugen, Puppen und Pferden aus Ton. Das wichtigste Fest der Stadt ist Jhapan. Schlangenbeschwörer zeigen ihre Kunst, manchmal auf geschmückten Karren und Wagen, mit Königkobras, Kraits, Pythons, Erdnattern, Trugnattern und Baumnattern. Ähnlich farbenfroh geht es beim Indra-Puja-Fest zu, wenn den Würdenträgern der Stadt gelbe Turbane überreicht werden.

Oben und ganz oben: *Mitte Januar wird das Makar-Sankranti-Fest begangen, um den Beginn der Rückreise der Sonne zur nördlichen Hemisphäre zu feiern. Hindus verehren den Sonnengott am Ufer des Flusses Hoogly, während Sadhus (die heiligen Männer Indiens) traditionelle Musik spielen. Mönche und Pilger nehmen an der Mündung des Ganges im Golf von Bengalen ein rituelles Bad. Die Jugendlichen genießen Süßigkeiten aus Reis und Sesam, aber viele tauchen ebenfalls ins heilige Wasser, weil sie hoffen, dadurch ihre Chancen auf einen attraktiven Lebenspartner zu verbessern.*

Links: *Prozessionen, die sich zwischen Autos, Bussen, Motorrädern, Fahrrädern, Rikschas und Taxis hindurchschlängeln, bringen in Kolkata gelegentlich den Verkehr zum Erliegen.*

Die Sundarbans

Eines der größten Mangroven- und Flussniederungsgebiete befindet sich an der Mündung des Ganges und erstreckt sich über politische und geografische Grenzen hinweg von Westbengalen bis Bangladesh. In den Sundarbans ist der auf sumpfigem Grund wachsende, dichte Dschungel in ein Mosaik aus Schlammflächen, kleinen Inseln, Wasserläufen und breiteren Flussarmen zerschnitten. Salz- und Süßwasser fließen in diesem 9600 km^2 großen Gebiet zusammen. Das Gebiet erstreckt sich 100 bis 130 km weit ins Landesinnere. Das einzigartige Ökosystem südlich von Kolkata wurde zum Naturschutzgebiet und Welterbe erklärt. Es umfasst über 54 Inseln, und durch das weit ausgebreitete Netzwerk von Wasserläufen wird Schluff aus dem Himalaja geschwemmt.

Hauptsächlich wächst hier Mangrove. Seinen Namen trägt das Gebiet wegen der aufrechten Sundribäume, deren Holz durch längere Einwirkung von Wasser steinhart wird. Darum wird das Holz gern zum Bau von Häusern und Schiffen benutzt, aber auch für Strommasten und Eisenbahnschwellen. Ein Teil des Waldes steht ständig im Wasser. Hier warten Krokodile geduldig auf Beute, auch Bindenwarane und Sumpfschildkröten kann man beobachten. Möwen, Gänse, Eisvögel und Seeadler schweben hoch in der Luft; Affen und Schlangen verstecken sich zwischen den Bäumen.

Das Sumpfgebiet ist auch die Heimat des vom Aussterben bedrohten, majestätischen Bengalischen Königstigers *(Panthera tigris tigris)*, der bis zu 3 m lang werden kann. Eigens für ihn ist das Sundarbans-Tigerreservat gegründet worden. Er jagt Rehe, Wildschweine und frisst auch Fische, die bei Ebbe in den Flussbetten zurückbleiben. Rhesusaffen, Antilopen, Wildrinder, Vögel, Eidechsen, Schildkröten, Frösche und Krabben gehören ebenfalls zu seinen Beutetieren. Tiger leben und jagen allein. Heute gibt es in freier Natur weniger als 3000 Exemplare, davon allein 270 in diesem Gebiet. Sie gelten als gefährliche Menschenfresser. 100 bis 250 Menschen werden jährlich von Tigern gerissen, meist Einheimische, die mit Booten die Wasserläufe befahren. Einheimische Fischer, Holzfäller und Honigsammler (hier gibt es große Honigbienen-Völker) bitten die Waldgöttin Bonbibi um Beistand, denn „der Tiger beobachtet dich immer".

Oben: *Fischadler ernähren sich von Fischen, Seeschlangen, Schildkröten, Fledermäusen und Vögeln. Selbst Fischabfälle, die sie an Häfen finden, verschmähen sie nicht. Manchmal bedrängen sie kleinere Greifvögel so lange, bis diese ihre Beute hergeben.*

Rechts: *Bengalische Königstiger sind ausgezeichnete Schwimmer und nehmen gerne ein kühles Bad. Hier lauern sie auch ihren Beutetieren auf, die zum Trinken kommen, oder jagen Wassertiere.*

LEBEN IN DEN WÄLDERN

In den unterschiedlichen Vegetationszonen Indiens sind verschiedene Waldformationen vorherrschend, beispielsweise feucht-tropischer immergrüner Wald, subtropischer und mäßig feuchter Regenwald und tropisch-feuchter Monsunwald. Das Klima bestimmt die Vegetation, und so findet man neben Palmen, Bambussen und Orchideen an anderen Stellen Sal- und Teakbäume oder Laos-Kiefern. Mitten im Grün trifft man auf brausende Wasserfälle und Bäche, aber auch auf große Flüsse. Zu den waldbewohnenden Tieren zählen Tiger, Leoparden, Marmorkatzen, Gibbons, Makaken, Schlangen und zahlreiche kleinere Affen.

Leben in den Wäldern

Viele der großen Waldgebiete Indiens sind uralt. Sie haben sich über Jahrhunderte hinweg entwickelt und bilden heute einen artenreichen Lebensraum, in dem es von Insekten nur so wimmelt und in dem viele faszinierende Tiere – darunter verschiedene bedrohte Arten – leben: majestätische Tiger, intelligente Elefanten, elegante Leoparden, freche Makaken und geschmeidige Pythons. Die Wälder sind auch für Menschen seit je von großer Bedeutung. Uralte religiöse Zeremonien finden in heiligen Hainen statt, bei denen Bäume und Pflanzen eine Rolle spielen. Durch das Bevölkerungswachstum reduzieren sich die Waldflächen jedoch beträchtlich, und die Jagd dezimiert den Tierbestand der Wälder.

Oben: *Ein Dschungeldrossling im Keoladeo-Ghana-Nationalpark, Rajasthan. Der geschwätzige Waldvogel verständigt sich mit Artgenossen im Schwarm durch quäkende und zwitschernde Laute. Sein Nest versteckt er im dichten Laub.*

Gegenüber: *Eukalyptusbäume wachsen schnell und erreichen oft stattliche Höhen. Diese hohen, schlanken Exemplare stehen auf den Gebirgszügen von Nilgiri.*

Oben: *Ein Elefant, dessen Spiegelbild im Wasser zu sehen ist. Die meisten Elefanten scheinen zu erkennen, dass es ihr eigenes Bild ist – für Forscher ein Indiz für deren Intelligenz.*

Gegenüber: *Axishirsche sind meist scheu und wachsam. Sie suchen den Waldboden nach Nahrungsresten ab, die Languren aus den Bäumen fallen lassen, und reagieren auch auf die Warnrufe dieser Affen.*

Typisch für Indiens Regenwälder ist die enorme Fülle an verschiedenen Baumarten. Aus verrottenden Pflanzenresten am Boden erheben sich verholzende Lianen, die an den Baumstämmen in die Höhe klettern. Epiphyten (Aufsitzerpflanzen) wie Bromelien gedeihen prächtig, obwohl sie nicht in der Erde wurzeln. Sie können Nährstoffe und Feuchtigkeit aus der Luft aufnehmen und wachsen in Baumhöhlen oder auf Ästen. An den Waldrändern oder dort, wo Flüsse den Regenwald durchziehen, dringt etwas mehr Licht ein. Hier bildet sich eine wahrhaftige Dschungelvegetation, weil die Pflanzen durch die Sonneneinstrahlung bessere Entwicklungsmöglichkeiten haben.

Elefanten, Bisons, Nashörner und Tiger leben hauptsächlich in den feuchten Wäldern. Je nach Klima können Monsunwälder eher trocken oder feucht-tropisch sein. In den feuchteren Gebieten herrschen hartholzige Salbäume vor, die von Buddhisten und Hindus geschätzt werden, weil unter einem Baum dieser Art Buddha geboren sein soll. Das Hartholz wird für Eisenbahnschwellen, Brücken, Räder und Häuser verwendet, sein Harz als Räucherwerk und zum Kalfatern von Booten. Die ölhaltigen Samen werden an Geflügel und Schweine verfüttert. Das Öl der Früchte wird in Lampen verbrannt, und bei Nahrungsmangel kann man die Früchte auch zu Mehl verarbeiten.

In einem tropischen Wald gibt es mehr Lichtungen, wenngleich auch hier feucht-heißes Klima herrscht. Die Bäume sind keine immergrünen Riesen, sondern werfen ihr Laub normalerweise während der Trockenzeit ab. Mit dem Einsetzen der Regenzeit treiben sie dann wieder aus.

Wälder erstrecken sich auch um die Mangrovengebiete an den Küsten. Axishirsche und Wildschweine streifen umher, während Rhesusaffen durch die Baumkronen turnen. Im Wasser und an den Ufern leben riesige Salzwasserkrokodile, Krabben, Krebse und mächtige, muskulöse Warane, von denen manche bis zu 3 m lang werden können.

Hier kann man auch Schlammspringer beobachten – Fische, die schwimmen und über trockenes Land springen können. Manche klettern sogar mithilfe ihrer Flossen, die sie wie Saugnäpfe benutzen, auf Bäume. Zur Atmung dient ihnen eine vergrößerte Kiemenkammer, die ähnlich funktioniert wie die Sauerstoffflasche eines Tauchers. Oben auf dem Kopf sitzen sehr bewegliche Augen, mit denen der Fisch unter Wasser und an Land sehen kann. In den Bäumen bauen Weberameisen ihre ungewöhnlichen Nester aus Blättern, die sie mit von den Larven produzierten Seidenfäden zusammenweben.

Oben: *In den Sundarbans befindet sich das größte Mangrovengebiet der Welt. Land und Wasser gehen an sumpfigen Rändern ineinander über, Süß- und Salzwasser mischen sich. Die Wurzeln verhindern Bodenerosion und bieten Winkerkrabben perfekten Unterschlupf.*

Naturschutz

Naturschutzmaßnahmen wurden in Indiens Wäldern schon früh ergriffen, allerdings zunächst im Interesse der Menschen – und nicht der Tiere wegen. Zwischen 1865 und 1894 stellte man Gebiete unter Schutz und pflegte sie, um die Jagdreviere der Herrscher zu sichern. Von 1926 bis 1947 wurden große Brach- und Ackerflächen in Punjab und Uttar Pradesh aufgeforstet, um weitere Jagdreviere zu schaffen. Seit den frühen 1930er-Jahren nimmt man aber auch den Tier- und Pflanzenschutz ernst. Viele indische Herrscher ergriffen Initiativen zum Schutz der Lebensräume und ihrer zahlreichen Bewohner. Wenngleich die Beweggründe der Jäger (die mindestens 5000 Tiger erlegten) eigennützig waren, dürften ihre Naturschutzmaßnahmen doch dazu beigetragen haben, dass die Tiger noch nicht ganz ausgestorben sind. Diese frühen Schutzgebiete bilden den Grundstock der heutigen Nationalparks.

Oben: *Junge Sambar (auch Pferdehirsche genannt) halten sich normalerweise im Schutz der dichten Vegetation auf. Wenn sie etwa ein Jahr alt sind, können sie selbst für sich sorgen. Sie leben meist in der Nähe von Feuchtgebieten oder Sümpfen und zählen zu den Beutetieren der Tiger.*

Flora und Fauna der Hochgebirgswälder

In den niedrigeren Lagen des westlichen Himalajas erstrecken sich Laubwälder, darüber gedeihen bis zur Baumgrenze Koniferen. Der östliche Himalaja ist mit Laubwäldern bedeckt, während man im Nordosten Indiens nahe der Grenze zu Bangladesh im feuchten Flachland immergrüne, tropische Regenwälder und in den trockeneren, kühleren Regionen eine gemäßigte Vegetation vorfindet. Unterhalb der Baumgrenze des Hoch-Himalajas wachsen Tannen, Fichten, Wacholder, Zypressen und Birken.

Früher gab es an den bewaldeten unteren Hängen des Himalajas viele Leoparden, Nashörner und Wild. Wie in anderen Teilen der Welt ist aber auch hier zu befürchten, dass durch die zunehmende Abholzung die Lebensbedingungen für Tiere, die den Schutz der Wälder brauchen, immer schwieriger werden. Im indischen Himalaja, vor allem in den westlichen Gebieten, sind Tiger, Schwarzbären, Moschushirsche, Leoparden, Steinadler und Bartgeier vom Aussterben bedroht. Die subtropischen und gemäßigten Wälder sind die Heimat des bedrohten Hulock-Gibbons und des Himalaja-Tahrs (einer Gemsenart).

Heute bemüht man sich um den Erhalt dieser Tierarten. Im nördlichsten Bundesstaat Arunachal Pradesh liegt der Namdhapa-Nationalpark, ein Tiger-Reservat, in dem auch einige der extrem scheuen Schneeleoparden und Nebelparder leben.

Der berühmte Corbett-Nationalpark am Fuß des Himalajas im Bundesstaat Uttaranchal war Indiens erster Nationalpark, ein berühmtes Tigerschutzgebiet. Er wurde benannt nach Jim Corbett, einem berühmten Jäger, der sich später dem Naturschutz verschrieb. Im Reservat und in seiner Umgebung gibt es Hunderte von Zugvogelarten und zahlreiche Arten tagaktiver Greifvögel. Hier kann man auch Hornvögel, Fischadler, Sperbereulen, Eisvögel, Wasseramseln, Rotschwänzchen, Scherenschwänze und Blaubartspinte beobachten.

Der majestätische Park vermittelt ein Gefühl der Ehrfurcht vor dieser faszinierenden und zugleich gefährlichen Welt. So mögen die Dschungel ausgesehen haben, die Rudyard Kipling zu seinem *Dschungelbuch* und den eindrucksvollen Beschreibungen von Tigern inspiriert haben.

Oben und gegenüber: *Subtropische Laubwälder wachsen an den unteren Hängen des Himalajas, darüber herrscht gemäßigtes Klima mit entsprechender Vegetation. In größeren Höhen gedeihen nur Nadelbäume.*

Bedrohte Tiger

Der Tiger (*Panthera tigris*) ist eine der gefährdetsten Tierarten der Erde. Bali-, Java- und Kaspischer Tiger sind bereits ausgestorben bzw. ausgerottet worden. Früher lebten in freier Natur etwa 100 000 Tiger, im frühen 19. Jahrhundert waren es allein in Indien noch 40 000 Exemplare. Seitdem hat sich ihre Zahl um 95 Prozent verringert. In einer 2007 veröffentlichten Studie heißt es, dass in freier Wildbahn wohl noch höchstens 1200 Tiere leben. Im Ranthambor-Nationalpark wurde die Zahl der Tiger durch Zunahme der Wilderei auf 32 Tiere dezimiert. In Madhya Pradesh in Zentralindien sind von ehemals 700 Tieren noch 265 geblieben, im Corbett-Nationalpark leben 112 Tiger.

Wilderer haben zahllose Tiere erlegt, um deren kostbares Fell (jeder Tiger trägt ein einzigartiges Streifenmuster) zu erlangen, aus Tigerkrallen Aphrodisiaka und aus den Barthaaren Heilmittel gegen Rheumatismus herzustellen. Selbst gemahlene Tigerknochen wurden als Heilmittel angeboten. Muttertiere beschützen ihre Jungen und versorgen sie, bis sie etwa zweieinhalb Jahre alt sind. Dennoch erreicht nur die Hälfte der Jungtiere das Erwachsenenalter. Und von diesen erobern sich nur 40 Prozent ein Revier und bringen Nachwuchs zur Welt. Der Verlust geeigneter Lebensräume erschwert die Situation zusätzlich.

Der Tiger ist das Nationaltier Indiens. Der starke, wendige Jäger lebt in feuchten Monsun- und Flussuferwäldern, trockenen Tropenwäldern und immergrünen, tropischen Laubwäldern. Er braucht gute Deckung, Wasser und ausreichend Beutetiere. Tiger jagen allein und setzen dabei auf ihre Kraft und Größe. Mit über 3 m Länge sind sie die größten Vertreter der Katzenfamilie. Männchen können über 250 kg schwer werden. Mit dolchartigen Reißzähnen, starken Kiefern und langen, einziehbaren Krallen töten sie ihre Beutetiere, darunter Antilopen, Wild, Wildschweine und Ziegen. Gelegentlich fressen sie auch Eidechsen, Vögel, Schildkröten, Fische, Krebse oder Frösche.

Während der Tageshitze ruhen Tiger im Schatten, von der Abenddämmerung bis zum Morgengrauen gehen sie auf Jagd. Die Reviergrenzen von Artgenossen erkennen sie an Duftmarken und Kratzmarkierungen. Mit scharfen Augen und einem exzellenten Gehör spüren sie ihre Beute auf. Tiger sind gute Schwimmer und kühlen sich gern im Wasser ab. Die meisten tragen ein orangebraunes Fell mit schwarzen Streifen, gelegentlich kommen aber auch weiße Tiere oder – selten – Junge mit weißem Fell und heller goldbrauner Flecken- und Streifenzeichnung zur Welt.

Eine Hügellandschaft mit dichtem Laubwald und zahlreichen Wasserfällen findet sich im Bundesstaat Orissa, wo im nördlichen Waldgürtel das Simlipal-Tigerreservat gegründet wurde. Das Gebiet mit üppigem Grasland und Wäldern aus Salbäumen steht seit 1979 unter Naturschutz. 82 Orchideenarten und 231 Vogelarten wurden hier gezählt.

Oben links: *Tigerweibchen verteidigen ihre Jungen besonders aggressiv.*

Oben rechts: *Im Bandhavgarh-Nationalpark finden sich in höheren Lagen Salbäume, Bambus und Mischwälder. Vom Rücken eines Elefanten aus beobachten diese Besucher einen der hier lebenden Tiger.*

Gegenüber: *In den letzten 50 Jahren wurden in freier Wildbahn keine weißen Tiger gesichtet, in den davor liegenden 50 Jahren weniger als zwölf. Alle lebten in Bandhavgarh.*

Folgende Doppelseite: *Der mächtige Tiger vereint Schönheit und Gefahr in sich.*

Nordwestindien und der Gir-Wald

Indiens Nordwesten ist relativ trocken. Im Bundesstaat Rajasthan liegt die Tharwüste, die sich bis nach Pakistan erstreckt. Im Sariska-Wildschutzgebiet in den Avarallibergen in Rajasthan befindet sich jedoch eines der wenigen Waldgebiete, das von trockenem Laubwald und Buschlandschaften geprägt ist. Nur während der Monsunzeit ist die Gegend üppig grün. Hier leben mehr als 200 Vogelarten, darunter Schlangenweihe, Grautokos, Raubwürger und Schneidervögel.

Auch Leoparden (*Panthera pardus*) sind hier noch zu finden. Ihr elegantes Fell mit dem Muster aus kleinen, dichten Rosetten kann in kalten Regionen recht lang werden, während es in tropischen Gebieten kürzer und glatter bleibt. Wenn die scheuen Tiere sich bedroht fühlen, strecken sie ihren Rücken, drücken die Schulterblätter breit auseinander und senken den Kopf, um einen möglichen Angreifer zu warnen. Leoparden leben auch im Ranthambor-Nationalpark in Rajasthan.

Der Gir-Wald mit über 400 Pflanzenarten liegt weiter südlich in Gujarat. Hier herrscht tropisches Monsunklima, im Sommer kann es aber auch sehr trocken werden. Offener Strauchbewuchs wechselt mit trockenen Laubwäldern und Dornendickichten ab. In dem Gebiet gibt es Schwefelquellen, Schluchten, steile Felsabhänge und entlang der Ufer der zahlreichen Flüsse und Bäche immergrüne Streifen mit Teakbäumen, aber auch Myrtengewächse, Akazien, Banyan- und Ebenholzbäume sowie Malabar-Lackbäume. Der Gir-Wald ist der größte trockene Laubwald in Westindien und darum auch für die Forschung von Bedeutung.

Etwa 7000 Maldharis leben hier als Nomaden oder in 50 Siedlungen. Sie züchten Vieh und verkaufen Milchprodukte. Der Wald dient ihnen als Brennstoffquelle. Durch Überweidung ist ein Teil des Pflanzenbestandes gefährdet.

Der Wellenbrustfischuhu fängt Fische und Frösche. An den unteren Beinen trägt er keine Federn, die nass werden könnten, wenn er seine Beute unter der Wasseroberfläche packt. Seine Fußunterseiten sind mit stachelartigen Schuppen besetzt.

Inmitten des Gir-Waldes liegt der Gir-Nationalpark. Von allen Schutzgebieten Indiens ist dieses Schutzgebiet berühmt für seinen Bestand an Asiatischen Löwen. Aber auch Sumpfkrokodile (*Crocodylus palustris*) findet man hier in größerer Zahl. Wenn die Trockenzeit sehr heiß ausfällt, legen die Tiere auf der Suche nach Wasser große Strecken zurück und graben Erdbaue, die ihnen Schatten spenden. Sumpfkrokodile fressen Fische, Reptilien und Säugetiere.

Oben: *Die Banyan-Feige bildet Luft- und Stützwurzeln, die zum Boden wachsen und teilweise dicke Stämme bilden.*

Oben links: *Indische Sambars (hier im Ranthambor-Nationalpark) fressen Gras, krautige Pflanzen, Triebspitzen und Früchte.*

Gegenüber: *Teakbäume wachsen vorwiegend in der östlichen Hälfte des Gir-Waldes.*

Katzen in freier Wildbahn

Im Gir-Wald leben rund 500 Leoparden, Dschungelkatzen, Asiatische Wildkatzen und die seltenen Rostkatzen. Außerdem ist dies das einzige Gebiet der Welt, in dem noch Asiatische Löwen zu finden sind. Etwa 340 Tiere durchstreifen den Gir-Nationalpark. Die Tiere sind mit 2,5 bis 2,9 m Länge kleiner als ihre afrikanischen Vettern.

Das Verbreitungsgebiet des Asiatischen Löwen (*Panthera leo persica*) erstreckte sich einmal von Nordwestindien über Persien bis Arabien. Während der britischen Kolonialzeit wurde der Tierbestand durch Trophäenjäger erheblich dezimiert, und heute zählen die Asiatischen Löwen zu den meistgefährdeten Karnivoren. Noch immer fallen einige Löwen in die offenen Brunnen, die die Maldhari graben, ertrinken darin oder brechen sich die Knochen und können nicht entkommen. Elektrische Zäune, die zum Schutz des Viehs dienen, sind für Löwen ebenfalls lebensgefährlich, und immer wieder werden Tiere vergiftet, wenn sie das Vieh angegriffen haben.

Asiatische Löwen leben in Familienverbänden und verständigen sich durch vielfältige Knurr-, Maunz- und Brüll-Laute. Sie fressen Sambars, Axishirsche, Nilgauantilopen, Wildschweine, Wild und gelegentlich Ziegen. Leoparden können ihnen gefährlich werden.

Oben: *Vor einem Jahrhundert war der Asiatische Löwe vom Aussterben bedroht. 1913 existierten weniger als 20 Tiere. Durch ein absolutes Jagdverbot konnte der Bestand wieder anwachsen.*

Links: *Leoparden sind exzellente Jäger, gute Schwimmer und wendige Kletterer. Sie können mit dem Kopf voran Baumstämme hinabklettern.*

Im Assam-Tal leuchten die Farben um die Wette. Die verschiedenen hier lebenden Volksgruppen produzieren schöne Textilien, darunter edle Seide und feine Stickereien. Auch Schmuck, Musikinstrumente, Rattan- und Bambusprodukte, Messingarbeiten, Spielwaren, Masken und Keramik werden hergestellt.

Oben: *Eine junge Frau bei der Ernte von Kaffeebohnen, die seit über 100 Jahren im Bundesstaat Karnataka angebaut werden und heute etwa 70 Prozent der Kaffeeproduktion Indiens ausmachen.*

Gegenüber oben: *Der Sambar- oder Pferdehirsch hat ein stattliches, gegabeltes Geweih, das über 1 m hoch werden kann.*

Gegenüber unten: *Zur Gewinnung von Kautschuk werden an die Feigenbäume Schalen oder Beutel gehängt, die den Saft auffangen.*

Die Westghats und Goa

Die Westghats erstrecken sich entlang der ans Arabische Meer grenzenden Küste des indischen Subkontinents von der Satpurakette nach Norden und südlich über Goa hinaus bis in den Bundesstaat Karnataka. Hier gibt es Monsunwälder, ebenso wie in den Ostghats an der anderen Küste, wo der Niederschlag jedoch geringer ausfällt. An den Hängen der Wetterseite findet man üppige, tropische Monsunwälder mit laubabwerfenden und immergrünen Bäumen. Viele landwirtschaftliche Exportgüter stammen aus den Westghats, beispielsweise Kaffee, Kakao, Kardamom, Gummi, Tee und Pfeffer.

Jenseits des Küstenstreifens liegen in Goa und den Westghats zahlreiche bewaldete Hänge mit reichem Tierbestand. Hier kann man den Gaur (*Bos gaurus*), ein dunkelbraunes Wildrind, beobachten. Mit dem hellen Fell an den Beinen sieht er aus, als trüge er Socken. Der Gaur bevorzugt Gras, frisst aber auch Blätter und Kriechpflanzen. Nur noch etwa 1000 dieser Tiere leben in freier Wildbahn. Hier grasen auch größere Gruppen großer, brauner Sambars (*Cervus unicolor*), einer Hirschart mit langem Halsfell. Die Wälder geben Damwild, Leoparden und Panthern, Elefanten, Riesenhörnchen, Pythons und Kobras Schutz. Wer genau hinschaut, kann auch Wildschweine, Stachelschweine und Riesen-Schuppentiere entdecken.

Zur typischen Vegetation Goas gehören Immergrüne und Rohrgewächse, Rosenholz, Kräuselmyrte (*Lagerstroemia*), Bambus und mächtige Lianen. In ihrem Geäst leben Bülbüls, Sultanspechte und Grautokos. Im Cotigao-Naturschutzgebiet auf Goa wachsen vorwiegend hohe Bäume, die nur wenig Licht durchlassen. Zwischen laubabwerfenden Arten finden sich verstreut immergrüne und halb-immergrüne Flecken. In den dichten Wäldern, in denen brausende Flüsse und Wasserfälle silbrig schäumen, verstecken sich scheue Gazellen, Lippenbären, Stachelschweine, Panter, Affen, Hyänen, Gaur und Wildschweine.

Die Westghats und die Wälder erstrecken sich weiter bis nach Kerala, wo Schwarzes Rosenholz (*Dalbergia latifolia*) neben hohen Teakbäumen und Indischer Flügelfrucht (*Pterocarpus marsupium*) wächst. Der Halbstrauch wird traditionell in der ayurvedischen Heilkunde zur Behandlung von Diabetes und anderen Krankheiten eingesetzt. Er soll Entzündungen, Husten und Zahnschmerzen lindern, adstringierend wirken und graue Haare nachdunkeln. Leider macht der organisierte Schmuggel vor wertvollen Hölzern wie Teak, Rosenholz und Sandelholz nicht halt.

Auf den Märkten werden vielerlei farbenprächtige Gewürze angeboten. Masala ist in Hindi das Wort für Gewürz. Viele Kleinbauern bestreiten ihren Lebensunterhalt durch Gewürzanbau. Früher verhalf der Gewürzhandel Kaufleuten in Städten wie Venedig zu beträchtlichem Reichtum.

Chinnar-Nationalpark

Im Regenschatten der Westghats von Kerala liegt der Chinnar-Nationalpark. Dornengestrüpp und trockene Laubwälder bekleiden die wellige Landschaft, aus der sich manchmal schroffe Felsen erheben. Das abwechslungsreiche Gebiet ist der Lebensraum von Tigern, Elefanten, Hutaffen, Languren, Kaninchen, Gaur, Sambars und anderem Wild, Schildkröten, Kraits, Vipern und Brillenkobras. Es ist eines der beiden Gebiete, in denen auch das vom Aussterben bedrohte Riesenhörnchen zu finden ist.

Die Vogelwelt hat kleine Kormorane, Schlangenhalsvögel, Malaienadler und den exotischen Blauen Pfau (*Pavo cristatus*) zu bieten. Der Nationalvogel Indiens ist vom Südhimalaya bis zur Südspitze des Subkontinents in Dschungelgebieten nahe am Wasser zu finden. Er hat einen auffälligen Kopfputz, einen schlanken Hals und eine Schweifschleppe, die bis zu 1,6 m lang werden kann und etwa 60 Prozent seiner gesamten Körperlänge ausmacht. Jede der prächtigen, blaugrünen Schwanzfedern trägt einen dekorativen Augenfleck. Bei der Balz stellt das Pfauenmännchen seinen Schwanz auf und fächert die Federn, sodass diese im Licht in allen Regenbogenfarben schimmern.

Zur Zeit König Salomos (ca. 1000 v. Chr.) überreichten phönizische Kaufleute diese Vögel den ägyptischen Pharaonen als Geschenk und brachten sie auch ins heutige Syrien. Der Legende zufolge kann ein Pfau Schlangen verzaubern und ihre Eier faulen lassen. Der Pfau spielt in Volksglauben und Mythologie eine bedeutende Rolle und gilt bei den Hindus als heilig. Der Gott Kartikeya (Sohn des Shiva und der Parvati und Bruder des Gottes Ganesh) reitet auf dem Rücken eines Pfaus. Auch Indra, die Göttin von Donner, Regen und Krieg, wird manchmal als Pfau dargestellt, weil sie sich in den Vogel verwandelt, um einem Dämonen zu entkommen. Trotz seines religiösen Stellenwertes nimmt der Bestand an Pfauen rasch ab. Ursachen sind der Verlust von Lebensraum und der unvorsichtige Umgang mit Pestiziden, aber auch Wilderer.

Oben und gegenüber: *Indiens Nationalvogel ist der prächtige Pfau, der auf Bäumen Ausschau hält, aber am Boden in der Nähe von Wasserlöchern nistet. An seinem schrillen Schrei ist er weithin zu erkennen. Angeblich soll schon König Salomo von den edlen Vögeln begeistert gewesen sein.*

Waldschlangen

Überall auf dem indischen Festland ist die Brillenkobra (*Naja naja*) anzutreffen. Schlangenbeschwörer führen sie häufig vor, vermutlich wegen der Art, wie die Tiere ihren Körper wiegen, wenn sie den Bewegungen der Flöte folgen und die Schwingungen der Musik und des Takts, den der Schlangenbeschwörer mit dem Fuß schlägt, spüren. In ihrer aufgerichteten Drohhaltung wirken sie sehr eindrucksvoll. Der Biss der Brillenkobra ist tödlich; zudem kann die Schlange Angreifern Gift in die Augen spritzen. Der Strahl, der aus zwei Öffnungen in den Fangzähnen austritt, spritzt mindestens 2 m weit. Auch die Königskobra (*Ophiophagus hannah*) ist extrem giftig. Sie lebt in Waldgebieten und ernährt sich von Nagetieren, Eidechsen und Fröschen.

In der Hindu-Mythologie erscheint die Kobra als mächtige Gottheit. Nach dem Monsunregen feiert man das Schlangenfest (*Naga panchami*), bei dem manchmal Schlangenfiguren gesalbt und verehrt werden, während man lebende Kobras füttert. Das Fest soll die Menschen symbolisch vor Schlangenbissen schützen.

In Indien leben über 270 Schlangenarten, darunter 60 giftige. Die Grüne Schmuckbaumnatter (*Chrysopelea ornata*) besitzt eine ungewöhnliche Fähigkeit. Sie kann ihre Rippen weit abspreizen, sodass ihre Unterseite eine konkave Wölbung erhält und dem Tier Auftrieb gibt. So kann sie durch die hohen Bäume „fliegen". Normalerweise versteckt sie sich im dichten Laub, doch wenn ihr durch einen Vogel oder ein kletterndes Säugetier Gefahr droht, flieht sie im Gleitflug. Auch die Paradies-Schmuckbaumnatter (*Chrysopelea paradisi*), die vorzugsweise in den Baumkronen jagt, kann durch die Luft von Baum zu Baum gleiten. Bei der Landung verleiht ihre grün schimmernde Haut ihr perfekte Tarnung zwischen den Blättern. Wenn sie sich am Waldrand sonnt, ist sie leichter zu entdecken.

Oben links: *Die Paradies-Schmuckbaumnatter breitet ihren Körper aus, um im Gleitflug durch die Luft zu segeln.*

Oben rechts: *Schlangenbeschwörer führen gern Brillenkobras vor, weil diese in aufgerichteter Drohhaltung mit ausgebreiteter „Kapuze" besonders eindrucksvoll aussehen.*

Die Regenwälder der Andamanen und Nikobaren

Auf den Andamanen und Nikobaren gibt es tropische immergrüne und halbimmergrüne Regenwälder sowie tropisch-feuchte Monsunwälder. Unter dem Blätterdach der immergrünen Regenwälder wachsen etwa 300 Pflanzenarten, darunter Epiphyten, 130 Farnarten, 100 Orchideenarten, Palmen und verholzende Kletterpflanzen. Unter den Bäumen finden sich Teak- und Mahagonibäume sowie riesige Rotholzbäume. Viele Elefanten wurden hierher gebracht, um sie in der Forstwirtschaft einzusetzen.

Zwölf Ureinwohner-Stämme lebten in diesem Gebiet, aber ihre Zahl wurde durch Landverlust und durch Krankheiten, die Reisende einschleppten, dezimiert. Von ursprünglich 5000 Ureinwohnern leben heute nur noch etwa 400. Die Sentinelesen, die auf der North Sentinel Island wohnen, sind verständlicherweise feindselig. Auf den Nikobaren leben die Völker der Nikobaresen und Shompen. Zu den Negrito-Stämmen gehören die Jarawas (Jäger und Sammler), die Andanamesen, die Onges und die aggressiven Sentinelesen.

Zur Vogelwelt der Inselgruppe zählen große Schwarzspechte und Bronzefruchttauben, Nektarvögel, Eisvögel und Adler. Auf den Andamanen gibt es 445 Reptilienarten, davon 13 endemische. Auch elf der hier heimischen zwölf Amphibienarten gibt es nur hier. Es sind sämtlich Frösche und Kröten, die oft von Schlangen gefressen werden. Die hiesigen Schlangen sind meist grünlich – zur Tarnung vor den scharfen Augen der Andamanenschlangenweihe.

Oben: *Die 572 Inseln der Andamanen und Nikobaren beherbergen ein artenreiches Ökosystem.*

Folgende Doppelseite, links: *Diese Kragentaube trägt ein edel wirkendes blaugrün schillerndes Gefieder. Die Schwärme fliegen von einer kleinen Insel zur anderen und suchen am Waldboden nach Nahrung.*

Folgende Doppelseite, rechts*: Braunlieste fangen Fische, Kaulquappen, Grashüpfer, Krabben, Frösche, Käfer, Eidechsen, Hundertfüßer und Skorpione. Giftige Beutetiere schlagen sie auf einen Ast oder Stein, um den Stachel zu entfernen.*

Affen

In den Baumwipfeln von Indiens Waldgürteln leben zahlreiche Rhesusaffen, Languren und Gibbons. Affen gelten als spitzbübisch, und tatsächlich wagen sie sich gern in menschliche Siedlungen, um Nahrungsmittel zu stehlen – vor allem saftige Früchte. Es kommt durchaus vor, dass eine Gruppe Makaken eine Küche oder einen Marktstand verwüstet. Affen sind auch gegen die Verführungen des Alkohols nicht gefeit. Selbst aus Töpfen mit fermentierenden Marihuana-Blättern, die man zum Neujahrsfest den Hindu-Göttern opfert, haben sie sich schon bedient. Angeblich können sie recht aggressiv werden, wenn sie die berauschenden Blätter gekaut haben.

Wesentlich zurückhaltender sind die Plumploris, die durch die Bäume Assams klettern, sowie die Schlankloris (*Loris tardigradus*), die in vielen Gebieten Südindiens leben. Sie sind kleine, nachtaktive Primaten mit sehr großen Augen, die in den tropischen Regenwäldern Südindiens heimisch sind. Vor Räubern verstecken sie sich im dichten Dornendickicht, wo sie mit ihren langen Fingern auf Jagd nach Insekten gehen. Auch Rhesusaffen fressen Insekten, aber sie schätzen eine abwechslungsreiche Ernährung aus Termiten, Heuschrecken, Ameisen, Käfern, Eiern, Früchten, Blüten, Knospen, Blättern, Samen, Gras, Klee, Wurzeln, Pilzen, Fisch und Meeresfrüchten.

Oben: *Der Bartaffe lebt in den immergrünen Laubwäldern der Hügel Südwestindiens. Eine lange, graubraune Mähne umrahmt sein Gesicht, und am Schwanz trägt er eine auffällige Quaste.*

Rechts: *Rhesusaffen fressen alles, was tropische oder trockene Laubwälder an Saftigem zu bieten haben.*

Hanuman- oder Graue Languren (*Presbytis entellus*) leben in ganz Indien, der Nilgiri-Langur kommt nur auf den Westghats und den umgebenden Hügeln vor. Languren strahlen mit ihren schlanken Körpern, den langen Schwänzen, buschigen Augenbrauen, Kinnbärten und Fellbüscheln auf dem Kopf etwas Lässiges aus. Sie leben in feuchten Wäldern und Mangrovensümpfen und besuchen gelegentlich auch Tempel, denn die Hindus verehren diese Affen und locken sie mit kleinen Leckereien an. Der seltene und schöne Goldlangur (*Trachypithecus geei*), der 1955 von dem berühmten Naturforscher E. P. Gee entdeckt und nach ihm benannt wurde, hat ein schwarzes, unbehaartes Gesicht und einen langen Bart, der im Sonnenlicht golden schimmert. Er springt durch die Kronen der dichten, tropischen Laubwälder Nordwest-Assams, Süd- und Mittelbhutans und lebt auch an beiden Ufern des Brahmaputra.

In den Bergen des kleinen Bundesstaates Nagaland ist der zu den Makaken gehörende Schweinsaffe beheimatet. Ebenfalls zur Gattung der Makaken zählen der im Himalaja und Nordindien lebende Rhesusaffe und der Hutaffe, der zwischen Mumbai im Westen und Godavari im Osten anzutreffen ist. Der Bartaffe (*Macaca silenus*) lebt in den dichten, feuchten Wäldern der Westghats zwischen Kanara und Kerala und hält sich meistens in den hohen Baumwipfeln auf. Sein schwarzes Gesicht mit der weißen Zeichnung gibt ihm im durchbrochenen Schatten der Blätter gute Tarnung. Die scheuen Bartaffen sind gute Schwimmer.

Hulock-Gibbons schwingen sich lässig durch die Bäume der Hügel von Garo und Khasi im Bundesstaat Meghalaya, sind aber auch in den Wäldern Assams und Manipurs anzutreffen. Sie leben in großen Familienverbänden und verbringen viel Zeit mit der Suche nach Nahrung: saftige Früchte, aber auch Blätter, Blüten, Knospen sowie gelegentlich Insekten und Spinnen.

Im Jahre 2004 entdeckten Forscher im Bundesstaat Arunachal Pradesh in den unerschlossenen Wäldern des äußersten Nordostens eine neue Affenart. Der Arunachalmakak (*Macaca munzala*) ist ein großer, brauner Primat mit einem kurzen Schwanz. Nach mehr als 100 Jahren wurde eine neue Affenart benannt, die den Einheimischen wohl längst bekannt war. Die Affen leben in Höhen über 2000 m; ihr Bestand ist jedoch bedroht.

Gegenüber oben: *Ein erwachsenes Hulock-Gibbonmännchen ist schwarz und trägt auffällige, weiße Augenbrauen. Sein monogames Weibchen ist goldbraun oder graubraun, die Jungen haben ein milchweißes Fell.*

Oben: *Drei Languren sitzen in Reih und Glied auf einem Ast. Tatsächlich verbringen die Affen 80 Prozent ihrer Zeit am Boden, wo sie Früchte, Nüsse, Samen und Pilze suchen.*

Indiens Straßenbau und seine Folgen

Wälder und unberührte Natur bieten Flora und Fauna einen fast unerschöpflichen Lebensraum. Mit den Straßen verändert sich viel. Früher gingen Pilger zu Fuß von Dorf zu Dorf und brachten wertvolle Waren mit, heute sausen sie in Fahrzeugen vorbei. Die Dorfbewohner legten lange Strecken zu Fuß zurück und trugen dabei oft schwere Lasten. Straßen haben ihnen das Leben erleichtert und die Erreichbarkeit von Märkten, Schulen und Krankenhäusern verbessert. Auch Kunden, die Gemüse, Obst, Korbwaren oder Kunsthandwerk kaufen wollen, kommen leichter in die Dörfer. Die Schattenseite beschrieb ein Dorfbewohner so: „Die Menschen haben keine Beziehung zu Straßen, sondern zum Wald. Das Gras wird verschwinden, die Bäume werden verschwinden, und auch die Steine unseres Dorfes."

Trotz des neuen motorisierten Zeitalters bleiben doch einige Aspekte erhalten. Die Bewohner der Walddörfer feiern weiterhin ihre Feste und verehren ihre Götter durch Fasten und Gebet, Musik, Gesang und Tanz. Dann werden besondere Gerichte zubereitet, kunstvolle Blumengirlanden zur Festtagskleidung getragen oder Opferhandlungen verrichtet. In tagelanger Vorbereitung bringt man die Häuser auf Hochglanz und bestreut die Höfe mit Blütenblättern, farbigem Pulver oder Reismehl. Szenen aus den großen Epen werden an die Wände gemalt und mit Spiegelteilchen verziert, und über die Türen hängt man Mangozweige und Ringelblumenblüten. Zu jedem Fest gehören spezielle Speisen und Süßigkeiten, je nach Religion, Jahreszeit und Ernte.

Oben und gegenüber: *Straßen durchziehen heute viele Wälder Indiens. Sie stellen Verbindungen zwischen Gemeinden her und erleichtern es, mit dem Karren auf den nächsten Markt zu kommen. Aber sie haben auch Nachteile, denn auch illegale Holzfäller und Wilderer kommen so leichter in den Wald.*

FLÜSSE UND SEEN

In Indien gibt es zahlreiche Flüsse, Seen und Wasserwege, in und an denen die verschiedensten Tiere und Pflanzen zu finden sind. Den vielen Fischern bieten Flüsse und Seen die Lebensgrundlage. Tiger kühlen sich im Wasser ab, Wild kommt zum Trinken, Vögel stolzieren am Ufer umher, putzen ihr Gefieder oder schweben in der Höhe. Das Spritzwasser von Wasserfällen schimmert in allen Regenbogenfarben. An den Ufern stehen Tempel und überall – ausgenommen auf den höchsten Berggipfeln – haben Menschen Siedlungen, Dörfer oder Städte in Wassernähe angelegt.

FLÜSSE UND SEEN

Der indische Subkontinent ist durchzogen von Wasserwegen, in denen eine Vielfalt von Tieren lebt. Der Name „Indien" leitet sich von dem Fluss Indus ab, in dessen Flusstal sich die ersten Siedler vor etwa 3000 Jahren niederließen. Auch heute leben viele Menschen in den geschäftigen Dörfern und Städten an den Ufern der artenreichen Gewässer des Landes.

In diesem Kapitel befassen wir uns mit Indiens größten Flüssen, darunter dem heiligen Fluss Ganges, dem mächtigen Brahmaputra und dem historischen Indus. Die Flüsse, die in den Bergen im Norden entspringen und fruchtbaren Boden in die Ebenen tragen, sind von jeher für die Landwirtschaft betreibenden Zivilisationen von Nutzen. Sie werden ganzjährig durch die Schneeschmelze gespeist, aber in den Monsunmonaten Juni bis September, wenn im Himalaja sehr viel Regen fällt, schwellen sie an, und es kommt häufig zu Überschwemmungen der Niederungen und Ebenen.

Oben: *Hindus, Buddhisten und Jainas verehren den Ganges als heiligen Fluss. Hier steigen Pilger die steile Ufertreppe von Varanasi in Uttar Pradesh hinab, um ein Bad zu nehmen.*

Rechts: *Die Spiegelung des Jal Mahal (Wasserpalast) in Jaipur schimmert golden im stillen Wasser.*

Gemessen an der großen Fläche besitzt Indien sehr wenige natürliche Seen. Im Himalaja entstanden Seen durch Gletscher, die natürliche Becken ins Gestein gruben oder so viel Erde und Geröll ablagerten, dass ein Fluss gestaut wurde. Viele der großen Seen Indiens sind Stauseen, die in trockenen Regionen angelegt wurden. Im Nordwesten, vor allem in Rajasthan, gibt es außerdem einige saisonale Salzseen, die von intermittierenden Flüssen, die sich bei heftigen Regenfällen in Sturzbäche verwandeln können, gespeist werden. Nach der Regenzeit verdunstet das Wasser, und es bleibt nur salzig-weißer Boden zurück. Udaipur in Rajasthan wird oft als märchenhafte „Stadt der Seen" bezeichnet, weil es hier stille Seen und prächtige Paläste gibt, die sich im Wasser spiegeln.

Oben: *In Rajasthan und Punjab sind einige großartige Paläste und Tempel an märchenhaften, schimmernden Seen erbaut worden. Besonders beeindruckend ist der Goldene Tempel in Amritsar inmitten des friedlichen Sees Amrit Sarovar („See des Unsterblichkeitsnektars"), dem heilende Kräfte nachgesagt werden.*

Links: *Zwischen dem Indus-Tal und der Hauptkette des indischen Himalajas liegt im Schutz der verschneiten Berge und schroffen Schluchten ein unwegsames Gebiet, das bei Bergwanderern beliebt ist. Hier findet man traditionelle Dörfer und einsame buddhistische Klöster, von denen einige aus dem 15. Jahrhundert stammen.*

Der Ganges

Das Becken von Indiens bedeutendstem und größtem Fluss hat eine Fläche von einer Million km². Es ist eins der fruchtbarsten und bevölkerungsreichsten Gebiete der Welt und nimmt etwa ein Viertel der gesamten Fläche Indiens ein. Begrenzt wird es vom Himalaja im Norden und den älteren, rundlichen Bergen und Hügeln von Vindhya im Süden. Die beiden Quellflüsse des Ganges (oder Ganga), Bhagirathi und Alaknanda, entspringen im Bundesstaat Uttaranchal. Der kleinere Bhagirathi hat seinen Ursprung auf dem Gangotri-Gletscher in 7756 m Höhe, der Alaknanda entspringt nahe der tibetischen Grenze unterhalb des 7817 m hohen Nanda-Devi-Gipfels. Die beiden von Schmelzwasser gespeisten Quellflüsse fließen südwärts, vereinen sich und setzen dann ihren 2510 km langen Weg vom mittleren Norden des indischen Himalajas durch Bangladesh bis zum Golf von Bengalen fort.

Oben: *Blütenblätter von Rosen und Ringelblumen auf dem Ganges. Manchmal bauen die Pilger auch kleine „Boote" aus trockenen Blättern und legen Reis hinein oder lassen nachts winzige, flackernde Öllampen auf dem Wasser schwimmen.*

Rechts: *Ein Ruderer vor der Stadtkulisse und den Ufertreppen von Varanasi.*

Wenn der Ganges das Gebirge verlässt und in die Ebene eintritt, erreicht er zuerst die Stadt Haridwar mit ihren berühmten Tempeln und Schreinen. Dann geht es weiter nach Südosten durch die Ganges-Ebene. Zwischen Haridwar und Allahabad liegen viele Flusswindungen mit Untiefen und Stromschnellen. Bei Allahabad mündet der Yamuna in den Ganges. Weitere Zuflüsse sind der Son von Süden sowie Gomati, Ghaghara, Gandak und Kosi von Norden. So schwillt der große Fluss immer weiter an. Er fließt durch die Städte Mirzapur, Varanasi, Patna und Bhagalpur, vorbei an den Hügeln von Rajmahal, und windet sich dann südlich zum Beginn des Ganges-Deltas hin, das etwa 900 km flussabwärts von Allahabad und 450 km flussaufwärts vom Golf von Bengalen beginnt.

Bei Pakaur teilt sich der Fluss. Der Bhagirathi zweigt nach Süden ab und verbindet sich später mit dem abzweigenden Arm Jalangi zum Hoogly. Hier herrscht geschäftiges Treiben, weil der Fluss für seegängige Frachter schiffbar ist, die vom Golf von Bengalen in den Hafen von Kolkata (Kalkutta) einlaufen. Der Hauptarm des Ganges setzt sich durch Bangladesh fort – und heißt auf einem Teil seines Weges Padma. Weiter südlich bildet ein riesiges Netz von Wasserwegen eine der größten und fruchtbarsten Deltamündungen der Welt, in die sich auch die Fluten des Brahmaputras und des Meghnas – der dem nun folgenden Flussabschnitt seinen Namen gibt – ergießen.

Nachdem er an 52 kleinen und 48 großen Städten vorbeigeflossen ist, mündet der Meghna in den Golf von Bengalen. Die Mündung hat eine Breite von 30 km. Die Wassermenge, die dieser Fluss führt, wird nur vom Amazonas und vom Kongo übertroffen. Vom Delta bis in den Golf lagert sich Sediment ab, das der Fluss mitgebracht hat. Das Ganges-Becken ist eine riesige, dicht besiedelte Region mit großer landwirtschaftlicher Bedeutung. Hier werden Reis, Weizen, Linsen, Zuckerrohr, Ölsaaten und Kartoffeln angebaut.

Überall an den Ufern des Ganges – außer in sumpfigen Bereichen im südwestlichen Delta, wo das Wurzelgewirr der Mangrove ins Wasser ragt – liegen Seen und Feuchtgebiete, in denen Jute, Reis, Zuckerrohr, Hülsenfrüchte, Chili, Senf und Sesam gut gedeihen. Die hohen, von Schnee bedeckten Gipfel des Himalajas speisen den Ganges das ganze Jahr über, sodass auch zur Bewässerung stets reichlich Wasser verfügbar ist.

Links: *Sonnenaufgang über dem Ganges bei der heiligen Stadt Haridwar mit ihren zahlreichen Tempeln. Auch hierher pilgern viele Gläubige, um sich beim rituellen Bad im Fluss von ihren Sünden reinzuwaschen.*

Die Hindus betrachten den Ganges als heiligen Fluss. Benannt ist er nach Ganga, der Tochter des Berggottes Himavan oder Himalaja. Das Flusswasser spielt bei religiösen Ritualen eine Rolle: So badet man im Fluss, um sich von seinen Sünden zu befreien, oder versucht, in der Stunde des Todes von dem heiligen Wasser zu trinken. Viele Hindus legen Wert darauf, dass ihre Feuerbestattung in Flussnähe stattfindet und ihre Asche ins Wasser gestreut wird. Besonders viele Begräbnisfeiern finden in der heiligen Stadt Varanasi in Uttar Pradesh statt, wo steile Treppen zum Fluss hinabführen. Viele Pilger kommen in die Stadt, um ein Bad in dem Fluss zu nehmen, der neben den Hindus auch den Buddhisten und Jainas heilig ist. Einer der vielen Tempel der Stadt ist der Durga-Tempel, auch als Affentempel bekannt. Er ist Durga, der Schutzgöttin der Stadt, geweiht. Auf dem Tempelgelände leben bemerkenswert viele Affen.

Auch Haridwar, wo der Ganges den Himalaja verlässt, ist eine heilige Stadt. Bei Sonnenuntergang werden Tausende von Lampen in den Tempeln am Flussufer angezündet. Die Gläubigen lassen Tonlämpchen auf dem Wasser schwimmen und bitten die Göttin um Erfüllung eines Wunsches. In Allahabad soll der sagenumwobene Fluss Saraswati in den Ganges fließen. Alle zwölf Jahre wird darum in Haridwar und Allahabad die Purna-Kumbh-Mela gefeiert, die einen Monat lang andauert. Millionen von Gläubigen kommen dann, um im Ganges zu baden und die heiligen Stätten und Schreine zu besuchen. Bei Gangotri liegt unter dem Gletscher auf einer Höhe von etwa 4200 m über dem Meeresspiegel ein Schrein, der den geografischen Ursprung des Ganges kennzeichnet. Hier befindet sich auch der Gangotri-Tempel, der vor etwa 300 Jahren von dem nepalesischen Soldaten Amar Singh Thapa erbaut wurde.

Für jeden hinduistischen Gottesdienst (Puja) wird das Wasser des Ganges als „Weihwasser“ verwendet. Obwohl der Fluss extrem verschmutzt ist, ist seine Anziehungskraft doch ungebrochen. Mindestens einmal in seinem Leben möchte jeder Hindu in die Fluten des Ganges tauchen.

Im unteren Bereich des Ganges-Deltas erstrecken sich die Sundarbans mit ihren ausgedehnten Wäldern und Salzmarschen. Entlang des Wassers wächst Mangrove, und an den sumpfigen Ufern wimmelt es von Krokodilen. Dieses Gebiet ist auch eins der letzten Refugien des Bengalischen Tigers.

Oben und ganz oben: *Pilger und Badende in Varanasi. Hier ist das Wasser wärmer als am Oberlauf des Ganges, wo wegen der starken Strömung zur Sicherheit der Gläubigen Aufseher postiert sind.*

Gegenüber: *Die eigentliche Quelle des Ganges liegt bei Gangotri, 19 km von der heiligen Stätte entfernt, wo der Überlieferung zufolge die Göttin vom Himmel stieg.*

Oben: *Ältere Männer aus dem Adi-Volk. 26 Hauptvölker und zahlreiche Unterstämme leben in den 3649 Dörfern, die in Arunachal Pradesh verstreut liegen.*

Ganz oben: *Der Brahmaputra auf einem ruhigen Teilstück seines Weges.*

Der Brahmaputra

Dieser Fluss gehört zu den größten Südostasiens, und sein Bett verläuft höher als das aller anderen Flüsse der Welt. Von der Quelle an den Hängen des Mount Kailash im Südwesten Tibets fließt er etwa 2900 km weit durch die tibetische Hochebene und modelliert dabei zahllose Nebenläufe und Sandbänke. Dann stürzt er aus den Höhen des Himalajas hinab, beschreibt eine Schleife, schneidet eine unzugängliche Schlucht ins Land und formt auch auf seinem weiteren Weg zum Ganges einige Schluchten. Der Fluss, der hier Dihang heißt, wendet sich bei Arunachal Pradesh in Nordostindien nach Süden, fließt schnell zu geringeren Höhen und schließlich auf die Ebene hinab, wo er den Namen Brahmaputra trägt. Durch zahlreiche Zuflüsse wird er auf dem Weg durch Assam immer breiter.

Zwischen den Bezirken von Dibrugarh und Lakhimpur teilt er sich in zwei Arme, zwischen denen Majuli liegt, eine der größten Flussinseln der Welt. Die Nebenarme und Feuchtgebiete

sind für ihre artenreiche Flora und Fauna berühmt. Hier findet man Enten, Gänse, Pelikane, Sibirische Kraniche, Marabus und Pfeifgänse. Dann verengt sich der Fluss und windet sich durch die Felsen des Shillong-Plateaus. In Bangladesh teilt sich der Brahmaputra in zwei Arme, die aber später wieder zusammenfließen und sich im gewaltigen Mündungsdelta mit dem Ganges vereinen, ehe sie unter dem Namen Meghna in den Golf von Bengalen fließen. An den Flussufern und im Mündungsbereich gehen viele Fischer ihrer Arbeit nach.

Der Brahmaputra ist zum großen Teil schiffbar. Er ist einer der wenigen Flüsse der Welt, in denen es zu Gezeitenschwankungen kommt. Im Gebiet um Arunachal Pradesh liegen zahlreiche Stromschnellen; hier werden auch Rafting-Ausflüge angeboten. Wenn aber der Schnee auf dem Himalaja im Frühling schmilzt, kann der Brahmaputra – wie der Ganges – über die Ufer treten und wahre Verwüstungen anrichten. Auch im Sommer, wenn der Fluss durch den Monsunregen anschwillt, müssen sich Menschen und Vieh oft in höhere Lagen zurückziehen.

Oben: *Fischer holen bei Guwahati in Assam bei Sonnenuntergang die Netze ein. Die Stadt liegt in einem Gebiet mit vielen Flussinseln.*

Ganz oben: *Der Tsangpo, der höchstgelegene Fluss der Welt, durchquert das tibetische Hochland und bildet zahllose Nebenarme und Sandbänke.*

Der Fluss Narmada zwängt sich zwischen silbrigen und schneeweißen, mit dunkelgrünen und schwarzen Adern marmorierten Felsen hindurch und stürzt bei den beeindruckenden Dhuandhar-Fällen bei Bhedaghat in Madhya Pradesh donnernd 300 m in die Tiefe.

Die Flüsse des Südens

Durch das Herz des indischen Subkontinents ziehen sich einige Flüsse, die nicht im Himalaja entspringen. Die Quelle des Mahanadis liegt am Südrand der Ebene von Chhattisgarh. Die Quellflüsse der anderen Flüsse werden durch die hohen Niederschläge in den Westghats gespeist und durchqueren dann die Hochebene (meist von Nordwesten nach Südosten), ehe sie in den Golf von Bengalen münden. Diese Flüsse haben meist ein starkes Gefälle und treten darum – mit Ausnahme des Krishnas – nur selten über die Ufer, um ihre Randzonen zu überschwemmen. Manche sind jedoch wegen der wilden Stromschnellen und dramatischen Schluchten nicht befahrbar.

Zu den größeren Flüssen zählt der 1465 km lange Godavari, der von Trimbakeshwar in Maharashtra aus überwiegend ostwärts durch Andhra Pradesh in den Golf von Bengalen fließt. Er gilt seit Jahrtausenden als heiliger Fluss. Der Gelehrte und Dichter Vyasa soll angeblich das große Epos Mahabharata am Ufer des Godavari in einem Ort geschrieben haben, der heute ihm zu Ehren Vyasara heißt. Die Hindus pilgern zu verschiedenen heiligen Stätten an den Fluss und baden auch in seinem Wasser.

Der 900 km lange Mahanadi (Großer Fluss) entspringt in den Satpura-Bergen, fließt dann durch Chhattisgarh, Jharkhand, Orissa und Maharashtra bis zum Golf von Bengalen. Hier wird an großen Staudämmen elektrische Energie gewonnen. An seiner Mündung liegt der Pilgerort Puri mit dem berühmten Jagannath-Tempel.

Der Kaveri (oder Cauvery) ist 765 km lang. Er entspringt in den Westghats, schlängelt sich durch Hügel von Coorg in Karnataka und Tamil Nadu und mündet ebenfalls in den Golf von Bengalen. Auch dies ist ein heiliger Fluss der Hindus. Er speist die Shivanasamudra-Fälle, Indiens zweitgrößten Wasserfall, sowie die Abbey-Fälle in der üppig grünen Landschaft der Westghats. Die breite Deltamündung des Flusses ist auch als „Garten Südindiens" bekannt.

Der Krishna entspringt bei Mahabaleshwar in Maharashtra. Er gilt als Verkörperung des Hindu-Gottes Vishnu, und seine legendäre Quelle ist ein Wasserspeier in Form einer Kuh-Statue am uralten Tempel von Mahadev. Der 1300 km lange Krishna fließt durch Karnataka und Andhra Pradesh, ehe er den Golf von Bengalen erreicht. Er ist einer der längsten Flüsse Indiens, der wegen seiner schnellen Strömung bei schweren Monsun-Regenfällen Erosion und Überschwemmungen mit sich bringen kann. Er ist nicht schiffbar, sein Wasser wird aber zur Bewässerung genutzt.

Der Narmada bildet eine traditionelle Grenze zwischen Nord- und Südindien. Er fließt durch Indiens einzigen Senkungsgraben. 1300 km weit ist sein Weg von den Maikala-Bergen durch Madhya Pradesh und Gujarat bis ins Arabische Meer. Der Fluss ist von jeher ein wichtiger Verkehrsweg zwischen dem Arabischen Meer und dem Ganges. Den Hindus gilt er als außerordentlich heilig – es genügt, ihn anzuschauen, um Absolution zu erhalten. In Hoshangabad liegen an seinen Ufern schöne Ghats (Ufertreppen), auf denen die Pilger baden.

Der Tapti entspringt in den Hügeln von Gawilgarh im Zentrum des Hochlands von Dekka. 700 km weit fließt er von Osten nach Westen, durch das Melghat-Tigerreservat bis nach Gujarat und dann ins Arabische Meer. Der Legende zufolge ist der Fluss die Tochter des Gottes Surya.

***Unten:** Ein Stechkahn auf überschwemmtem Ackerland. Bei heftigen Regenfällen können Dämme brechen und Flüsse über die Ufer treten. Dann versinken Bauernhöfe, Dörfer und Städte in den Wassermassen.*

Oben: *Der Pushkar-See ist seit langer Zeit ein wichtiger hinduistischer Pilgerort. An seinen Ufern befinden sich außer vielen schönen, weiß gestrichenen Tempeln auch 52 Badetreppen, auf denen sich die Pilger tummeln, um ein Bad im See zu nehmen.*

Gegenüber: *Tauben flattern um eine weiße Marmor-Turmkuppel in Gaitor bei Jaipur. Dieses Gebiet ist berühmt für die Cenotaphen der Herrscher von Jaipur, vor allem für den prächtigen Bau aus weißem Marmor mit Pfauenornamenten, der für den Maharadscha Jai Singh II. errichtet wurde.*

Feuchtgebiete und Seen

Zu den vielfältigen Feuchtbiotopen Indiens gehört der birnenförmige Chilkasee in Orissa südwestlich von Puri. Vom Golf von Bengalen ist der große, mit kleinen Inseln übersäte See nur durch einen sandigen Wall getrennt. Hier befindet sich eine der größten Brutkolonien lachsrosafarbener Flamingos, aber auch zahlreiche andere Zugvögel lassen sich im Winter nieder. Außerdem ist der Irawadi-Delfin eine besondere Attraktion der Gegend. Neben Graugänsen, Purpurhühnern, Blatthühnchen und Reihern leben am Chilkasee Weißbauch-Seeadler. An den Ufern kann man Hirschziegenantilopen, Rehwild, Schakale, Hyänen und Elefantenherden beobachten.

Weil der See reich an Fischen, Garnelen und Krabben ist, setzen in mehr als 130 Dörfern an den Ufern Fischer die Segel und fahren mit Netzen und Bambusreusen hinaus. Wenn der See im Sommer nur wenig Wasser führt, bauen die Frauen an den Ufern Reis und Hirse an. Seit neuerdings Motorboote und Nylon-Netze verwendet werden, nimmt der Fischbestand allerdings schnell ab.

Die Stadt der Seen

In Rajasthan im Nordwesten gibt es zahlreiche eindrucksvolle Festungen und prächtige Paläste. In der Stadt Udaipur (oft als „Stadt der Seen" oder „Venedig des Ostens" bezeichnet) regierte 1200 Jahre lang die Sisodia-Dynastie. Noch heute kann man in der Stadt mit den schimmernden Seen eine hinreißende Mischung aus Märchenpalästen, Tempeln, Gartenanlagen und schmalen Gassen bestaunen.

Die größte Palastanlage in Udaipur ist der aus Granit und Marmor gebaute City Palace am Ostufer des Picholasees. Er bezaubert durch architektonische Details – Türme, Kuppen, Höfe, Pavillons, Terrassen, Balkone, Springbrunnen und Gärten. Am Haupteingang findet man acht aus Stein gemeißelte Torbögen. Maharadschas wurden an ihren Geburtstagen gegen Gold und Silber aufgewogen, das dann an die Untertanen verteilt wurde.

In der Nähe liegt der eindrucksvolle Jagdish-Tempel, der 1651 zu Ehren von Vishnu erbaut wurde. Am Ufer des Picholasees gibt es Badetreppen, auf denen die Frauen ihre Wäsche waschen – inmitten von Hügeln, Tempeln und Palästen, von denen einige auf Inseln erbaut wurden. Weiter nördlich liegt, durch einen Kanal mit dem Picholasee verbunden, der Fateh-Sagar-See. Dieser Stausee mit drei Inseln ist an drei Seiten von Hügeln umgeben. Hier findet man Gärten, ein schiffsförmiges Café auf der Nehru-Insel und ein Solar-Observatorium auf einer anderen Insel. Der See versorgt die Stadt Udaipur mit Trinkwasser.

Der malerische Inselpalast Jag Mandir steht auf der südlichsten Insel des Picholasees. Er wurde als Rückzugsort für den Prinzen Khurram (Shah Jahan) erbaut. Vor dem Palast mit den schönen Kuppeln steht eine Reihe stattlicher Elefantenstatuen, die aussehen, als würden sie die Anlage bewachen. Ein Pavillon aus rotem Sandstein mit Kuppeldach war früher mit Halbedelsteinen wie Jaspis und Jade und mit Rubinen besetzt. In den eleganten Innenräumen finden sich wertvolle Gemälde und prächtige Steinmosaiken. Shah Jahan zog sich 1623 bis 1624 hierher zurück, und manche Experten sind der Meinung, dass der Palast als Vorbild für den Taj Mahal diente.

Oben: *Ganz aus strahlend weißem Marmor und Mosaik besteht der Taj Lake Palace in Udaipur, der 1746 auf einer Insel für die Maharana Jagat Singh II. erbaut wurde.*

Gegenüber: *Bei religiösen Prozessionen und Festen kann man in Rajasthan oft aufwendig geschmückte Elefanten bewundern.*

Ganz oben und Mitte: *Ochsen und Elefanten, die in Rajasthan an Festen teilnehmen, werden vorher in einem See gewaschen.*

Oben und rechts: *52 Stufen führen zum halbkreisförmigen, heiligen See von Pushkar in Rajasthan hinab.*

GUEST HOUSE

Salzseen

Indiens saisonale Salzseen werden von kurzen, intermittierenden Flüssen gespeist, die zeitweise trocken fallen, sich bei heftigen Regenfällen jedoch in Sturzbäche verwandeln können. Wenn auch das Wasser der Seen verdunstet ist, bleibt eine weiße Salzkruste zurück, von der ein großer Teil abgebaut und kommerziell verwertet wird.

Viele der großen Seen Indiens dienen als Trinkwasserreservoirs, die durch Staudämme gebildet wurden. Westlich von Jaipur liegt Sambhar, der größte Salzsee des Subkontinents, der in gefülltem Zustand eine Fläche von 190 km^2 einnimmt. Seine Wassertiefe schwankt zwischen 2,5 cm in der Trockenzeit und 3 m und mehr nach dem Monsun. Durch spezielle Algen und Bakterien, die unter diesen besonderen Bedingungen leben, nimmt der See manchmal außergewöhnliche Farben an, während seine Ufer meist weiß verkrustet sind. In dem großen Feuchtgebiet versammeln sich Tausende von Zugvögeln.

Sowohl der See als auch der in der Nähe liegende Naliasar-Teich sind Überwinterungsreviere für 45 Arten von Wasservögeln, darunter Stock- und Krickenten, Streifen- und Graugänse, Störche, Rotschenkel, Wasserläufer, Wasserhühner, Stelzenläufer, Löffelenten, Spießenten sowie große Scharen von Pelikanen und Tausende von Flamingos. Manchmal versammeln sich bis zu 30 000 dieser eleganten Vögel, um die Algen zu fressen.

Ganesh Chaturthi

Der elefantenköpfige Gott Ganesha, Sohn von Shiva und Parvati, wird von den meisten Hindus als Gott der Weisheit und des Glücks verehrt. In vielen Regionen feiert man ihm zu Ehren im Spätsommer oder Frühherbst große Feste, die zehn bis elf Tage lang dauern können. In den Bundesstaaten Maharashtra, Gujarat, Karnataka und Andhra Pradesh versammeln sich Familien und Freunde, um Musik- und Theatervorführungen zu genießen und *modak* zu essen, die berühmten, süßen Klöße, die der Gott so gern mochte. Bis 8 m hohe Tonstatuen des Gottes werden zum Klang von Zimbeln und Trommeln durch die Straßen getragen, um sie in einen See, Fluss oder ein Meer zu tauchen. Vor allem am Arabischen Meer, am Powaisee bei Mumbai, am Kankariasee bei Ahmadabad, am Sursagarsee bei Baroda und am Sabarmati-Fluss finden aufwendige Zeremonien statt.

Oben: *Zu den großen hinduistischen Festen zählt Ganesh Chaturthi. Große Statuen werden in Mumbai in Prozessionen durch die Stadt getragen und ins Arabische Meer getaucht. Ähnliche Feste finden in vielen Teilen Indiens statt, aber hier sind sie besonders prächtig.*

Links und oben links: *Ganesha hat einen Elefantenkopf und wird meist mit einem dicken Bauch, vier Armen und einer Krone dargestellt.*

Gegenüber: *Ganesha-Statuen werden mit Fanfarenklängen, Gesang und Tanz durch die Straßen getragen.*

Shiva Ganga Silk Factory
SHIVGANGA SILK FACTORY
SHIVGANGA SILK FACTORY
MANUFACTURES ALL KINDS OF
WEL COME

Rechts: *Viele indische Flüsse werden verehrt. Sie sind ein Symbol der weit zurückreichenden Kultur des Landes – stets veränderlich, manchmal unberechenbar und gefährlich, meist aber großzügig und Leben spendend. Sie fördern die Fruchtbarkeit des Landes und sind für Geist und Seele des Menschen eine Bereicherung.*

Unten: *Schon früh am Morgen versammeln sich Pilger auf den Ghats von Varanasi, um die aufgehende Sonne mit einem Morgengebet zu begrüßen.*

Panorama

Indiens große und kleine Flüsse, die künstlichen und natürlichen Seen mit Süß- und Salzwasser, die Teiche, Sümpfe und Feuchtgebiete bieten einer Fülle von Tieren und Pflanzen Lebensraum. In einem Land mit einer so beeindruckenden und vielgestaltigen Landschaft haben die silbrigen Wasserwege und die dunkelblauen und türkisfarbenen, ruhigen Seen eine wichtige Aufgabe: Sie versorgen die Natur mit Leben spendendem Wasser. Und das ist in Indien dringend nötig, denn trotz der starken Niederschläge der Monsunsaison sind die Sommer heiß, und Menschen, Tiere und Pflanzen sind auf diese „Wasserreservoirs" angewiesen.

EBENEN UND WÜSTEN

Südlich des Himalajas besitzt Indien große Wüstengebiete, weite grüne Ebenen und so manche exotisch schillernde Stadt. Im trockenen Nordwesten flirrt die Wüstensteppe Thar (Große Indische Wüste) unter der Hitze der Sonne und wird von wirbelnd tanzenden Sandstürmen heimgesucht, während Sanddünen, Paläste, Festungen und Kamele Rajasthan seinen ganz speziellen romantischen Reiz verleihen. In anderen Regionen besuchen große Scharen lärmender Zugvögel weite Salzflächen, während sich zwischen Flüssen und Bergen weite grüne Ebenen erstrecken, auf denen seit Jahrtausenden Reis, Zuckerrohr, Tee und Baumwolle angebaut werden. Unendlich viele goldene und smaragdgrüne Landschaften locken ...

Oben und ganz oben: *Straßenhändler verkaufen frisch geröstete Erdnüsse, Bananen, heiße Chapatis, Gemüse-Currys, Jalebi (ausgebackener Teig mit Sirup), Pani Puri (mit würzigen Kartoffeln und Chutney gefüllter Teig), dampfend heiße Samosas und Kulfi (gefrorene Milch in Geschmacksrichtungen wie Mandel oder Safran).*

Delhi ist der perfekte Ort, um die nordindische Küche kennenzulernen. Es gibt im Tonofen gebackene Tandoori-Gerichte, Biryani – ein Reisgericht mit Fleisch oder Geflügel, das in einem Tontopf gekocht wird – oder unzählige köstliche Chutneys und Pickles, Roti, Naan und Minzbrot, Linsenspezialitäten, Kofta-Fleischbällchen und andere traditionelle Delikatessen, die meist in kleinen Schalen oder auf Tellern (Thali) serviert werden. Fleisch, Fisch und Gemüse werden häufig in Joghurt und mit Gewürzen mariniert. Unter den Desserts finden sich Köstlichkeiten wie Safran- und Pistazieneis.

Oben: *Das Kochen auf Delhis Straßen soll bald verboten werden. Viele Familienunternehmen werden dann in ihrer Existenz bedroht sein.*

Ganz oben: *Dachterrassen-Cafés, geschäftige Straßenstände, palastähnliche Restaurants oder Dhabas (Garküchen) bieten Essen an.*

Links: *Vielfältiges Angebot auf einem Markt in Bangalore. Indien ist einer der größten Obst- und Gemüseproduzenten und -exporteure.*

Holi, das hinduistische Fest der Farben, wird prachtvoll gefeiert. Die Menschen singen und tanzen in den Straßen, bewerfen einander mit buntem Farbpulver (Gulal) und bespritzen sich mit Wasser. In Jaipur wird vor Holi das berühmte Elefantenfest begangen.

Amritsar und Lakhnau

Die heilige Stadt Amritsar nahe der pakistanischen Grenze, die zweitgrößte Stadt des Punjabs, ist eine weitere interessante Metropole. Sie ist nach dem künstlich angelegten Teich (Sar) mit dem „Nektar der Unsterblichkeit" (Amrit) benannt, der den Goldenen Tempel (Darbar Sahib) umgibt, das spirituelle und kulturelle Zentrum der Sikh-Religion. Die Tempelanlage mit ihrem Irrgarten aus vielen Wegen und 18 befestigten Toranlagen bildet eine Stadt in der Stadt. Ihr Bau wurde von Guru Ram Das, dem vierten Sikh-Guru, begonnen und 1601 von seinem Nachfolger, Guru Arjan Dev, vollendet. Der Tempel ist mit Blattgold und Marmor geschmückt, besitzt eine goldene Kuppel und hat einen Spiegelsaal.

Im späten 18. Jahrhundert war die Stadt Lucknow (Hauptstadt von Uttar Pradesh) ein wichtiges kulturelles Zentrum, in dem unter dem Patronat der reichen Nawabs Musik und Tanz eine Blütezeit erlebten. Zu den vielen architektonischen Juwelen der Stadt zählen der prächtige Palast Qaiser Bagh, der königliche Lustgarten Sikander Bagh, die gespenstischen Ruinen der britischen Residenz, in der die Briten während des Indischen Aufstands 1857 Schutz suchten, und der elegante Bara-Immambara-Komplex, ein dreistöckiges Mausoleum mit reich verzierten Toren, Balkonen, einem Labyrinth aus Durchgängen und einer Moschee.

Oben: *Wachen vor dem Goldenen Tempel in Amritsar. Das wichtigste Heiligtum der Sikhs wurde von 1589 bis 1601 erbaut. Hier wird unter einem mit Juwelen besetzten Baldachin das Heilige Buch aufbewahrt.*

Links: *Der Goldene Tempel hat eine goldene Kuppel in umgekehrter Lotusform. Er ist mit Blüten- und Tierdarstellungen in Marmor, Silber und Blattgold verziert und liegt inmitten eines künstlichen Sees.*

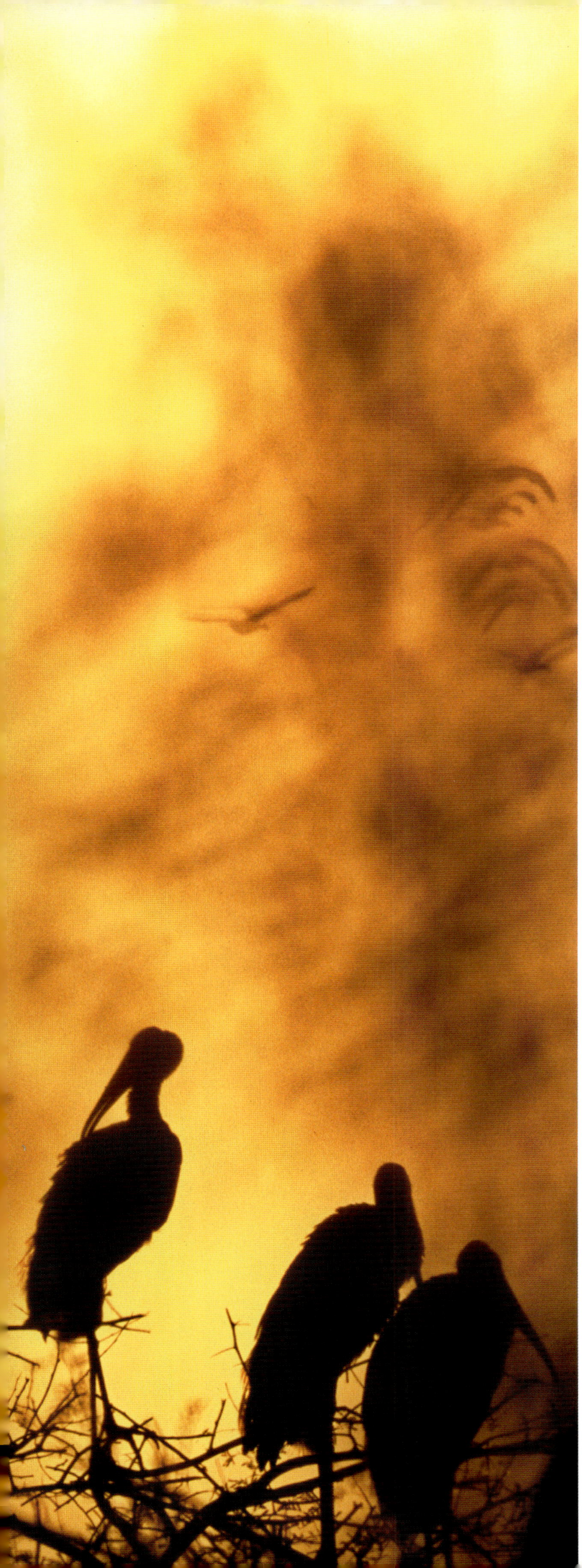

Loch stellt die Verbindung zur Außenwelt dar, durch das das Weibchen und die Brut vom Männchen gefüttert werden.

Ebenso gibt es Störche (Buntstorch, Wollhalsstorch und Schwarzstorch), Pfauen, Schlangenweihen, Habichtsadler, Indienuhus, Wachteln, Rebhühner, Blatthühnchen und Hainparadiesschnäpper mit ihren schwarzen Köpfen, kastanienbraunem Gefieder und sehr langen, leuchtenden Schwanzfedern. Indiens bezaubernde Blauschwanz- und Smaragdspinte fressen Insekten, aber auch Trauben und Feigen. Hinduracken kann man bei ihren spektakulären Flugmanövern beobachten, aber auch beim eleganten Gleitflug mit weit ausgebreiteten blauen und türkisfarbenen Flügeln.

Warane, die in ganz Indien beheimatet sind, sollen angeblich so intelligent sein, dass einige in Gefangenschaft das Zählen erlernt haben. Andere Geschichten erzählen von wild lebenden Echsen, die Menschen vor Krokodilen gewarnt haben sollen. Der gewandte Kletterer und Schwimmer ist eine sehr alte Tierart (er ist mit dem Mosasaurier verwandt, einer 10 m langen Meeresechse, die vor mehr als 65 Millionen Jahren lebte). Fühlt er sich bedroht, sperrt er das Maul auf, bläht den Hals, faucht und spreizt die Rippen, damit sein Körper größer wirkt. Beute kann er sowohl zerreißen als auch ganz hinunterschlingen. Vor Angriffen erhebt er sich auf die Hinterbeine, oder aber er teilt einen gezielten Schlag mit seinem kraftvollen Schwanz aus.

Oben: *Lang gestreckt im Gleitflug ist der Buntstorch sicher vor am Boden lebenden Beutegreifern wie Tigern, Leoparden, Hyänen und Krokodilen.*

Links: *Störche nisten in aus Zweigen gebauten Plattformnestern auf Bäumen oder in der Mangrove und bewachen ihre Brut.*

Das Dekkan-Plateau

Das südlich der Nordindischen Tiefebene gelegene Hochplateau des Dekkan und seine Halbinsel sind geologisch die älteste Landmasse Indiens. Das Plateau liegt größtenteils zwischen 300 m und 760 m über dem Meeresspiegel und ist durch Bergketten von der Tiefebene getrennt. Flankiert von den Ost- und Westghats nimmt das hohe Tafelland einen großen Teil Südindiens ein und erstreckt sich über acht Bundesstaaten.

Zu den sehenswerten Wasserfällen der Region zählen die Hogenakkal-Fälle und die Sivasamudram-Fälle, an denen das Wasser des Flusses Cauvery (auch Kaveri) aus 98 m Höhe weiß schäumend in die Tiefe einer engen Felsenschlucht stürzt.

Im tropischen Dschungel von Goa liegen die Dudhsagar-Fälle, mit 310 m die fünfthöchsten Fälle Indiens, die während des Monsuns spektakulär vom Dekkan-Plateau in die Ebene herabstürzen.

Im Dekkanhochland sind Menschen vieler Kulturen und Sprachen zu Hause, die zumeist die Berge am nördlichen und nordöstlichen Rand des Plateaus bewohnen. Baumwolle, Zuckerrohr und Reis werden hier angebaut, doch das Plateau hat weit mehr zu bieten: Glimmer und Eisenerz sowie in der Nähe von Hyderabad, der Hauptstadt von Andrah Pradesh, in der Region der Ruinenstadt Golconda Gold und Diamanten. Die größte Stadt des Dekkangebietes ist Bangalore, einst Zentrum der Kolonialherrschaft, heute Industriezentrum und Heimat des indischen „Silicon Valley", wo moderne gläserne Bürogebäude und Firmenzentralen einen starken Kontrast zu antiken Bauten wie dem prächtigen Bulltempel bilden.

Das Plateau ist Heimat verschiedener bedrohter Säugetiere, darunter 600 Elefanten, die zwischen den Nilgiri-Gebirgszügen und den Ostghats umherziehen und die größte Elefantengruppe Indiens bilden. Eine weitere Gruppe lebt in den Anaimalai- und den Nelliampathi-Bergen. Zudem leben hier Tiger, wilde Büffel, Wildhunde, Lippenbären, Vierhornantilopen, Gaur, Chinkaras, Hirschziegenantilopen und Malabar-Riesenhörnchen.

Das Sri-Lanka-Riesenhörnchen (*Ratufa macroura*) gilt ebenfalls als bedrohte Tierart. Es baut in den Astgabeln mehrerer Baumkronen eine Art Sicherheitsnetz. Bei Gefahr springt es zwischen den Bäumen hin und her und verwirrt so die Angreifer. Ein Netz dient als Kinderstube, das andere zum Ausruhen nach der Futtersuche.

Durch Lebensraumverlust und Bejagung geht die Population fast aller wild lebenden Tiere stark zurück. So gelten die Kurznasenflughunde der Art *Latidens salimalii*, eine der seltenen Arten aus der Ordnung der Fledertiere, als bedroht. Erst 1972 ordnete man sie als eine eigene Art ein und benannte sie nach Salim Ali, einem bekannten indischen Ornithologen. In der Region gibt es fast 300 Vogelarten, darunter auch den weltweit gefährdeten Godavari-Rennvogel (*Rhinoptilus bitorquatus*), der 1986 nach 80 Jahren zum ersten Mal wieder gesichtet wurde. Der Vogel ist so selten und scheu, dass praktisch nichts über seine Lebensweise bekannt ist.

Gegenüber: *Die Sivasamudram-Fälle stürzen eindrucksvoll zu Tal. Sie bieten aber auch Kaskaden, die schäumende Gischtwolken produzieren.*

Links: *Hirschziegenantilopen sind im offenen Gelände schnelle Sprinter und können so den meisten Feinden entkommen. Die Böcke haben elegant gedrehte Hörner.*

Festungen und Heiligtümer

Zwischen dem Vindhya-Gebirge und den Aravallibergen, in der Nähe der Tharwüste, liegt das Ranthambore-Tigerreservat. Das Reservat im Grenzgebiet bietet sowohl einen Laubwaldbereich als auch offene Ebenen am Fuß der Berge sowie Wüstengebiete. In den Laubwäldern, die besonders wegen des dort lebenden Bengalischen Tigers berühmt sind, jagte einst der Maharadscha von Jaipur. Im Reservat leben aber auch Leoparden, Schakale, Mangusten, Lippenbären, Wildschweine, Stachelschweine, Füchse, Karakale (zur Familie der Katzen gehörend), Hyänen, Gazellen, Schwarznackenhasen, Sumpfkrokodile und Echsen.

Die Festung Ranthambore liegt strategisch günstig auf einem Felsen und bietet einen atemberaubenden Ausblick über das Ranthambore-Tigerreservat. Sie wurde im 10. Jahrhundert von den Chauhan-Herrschern errichtet und ist eine der ältesten Festungen Rajasthans. Der Herrschaftssitz war stark umkämpft und Schauplatz einiger der blutigsten Schlachten in der Geschichte Indiens. Eine Legende erzählt, dass hier im Jahre 1303, als die muslimischen Invasoren unter der Führung von Ala-ud-din Khaliji die Festung belagerten, die Gattinnen des Königs lieber Selbstmord begingen, als Gefangenschaft und Schande ertragen zu müssen.

Das Gainer-Wildreservat in Rajasthan umfasst einen See und bewaldete Hügel, die von Wildenten, Hasen, Wildschweinen, Wüstenfüchsen, Wild, Hirschziegen- und Nilgauantilopen bewohnt werden. Im Winter machen hier Tausende von Wasservögeln halt, darunter auch Schwärme von Flughühnern, die auf dem See unterhalb des ehemaligen Jagdschlosses des großen Maharadschas Ganga Singh von Bikaner rasten.

Oben: *Sambarhirsche waten unterhalb der 1000 Jahre alten Ranthambore-Festung im Wasser. Im 17. Jahrhundert begingen hier mehr als 1000 Frauen nach einer Schlacht gemeinschaftlich Selbstmord.*

Gegenüber: *Tempelsäulen in Ranthambore – es finden sich viele prächtige Ruinen im gleichnamigen Tigerreservat, das einst Jagdrevier des Maharadschas war.*

N.K.
R.K.

Kamele und Feste

In der Tharwüste (auch Große Indische Wüste genannt) leben viele Hindus, Muslime und Sikhs, die sich ihre reiche Kultur und Traditionen von Musik und Poesie bewahrt haben. Jedes Jahr im Februar findet im Ort Jaisalmer in Rajasthan ein Wüstenfest statt, bei dem die Menschen in schillernden Kostümen Volkstänze aufführen und bewegende Balladen singen, während Schlangenbeschwörer, Puppenspieler, Akrobaten und Kamelrennen für Unterhaltung sorgen. Zudem gibt es Wettbewerbe für das am prächtigsten geschmückte Kamel, den Mann mit dem schönsten Schnurrbart oder auch im Turbanbinden.

Die Feste von Bikaner, Pushkar und Jaisalmer sind spektakuläre Ereignisse, bei denen man geschmückte (und manchmal tanzende) Kamele und Kühe, verschiedenste Wettbewerbe, Feuerspucker und Feuerwerke bestaunen kann. Pushkar ist eine wichtige Hindu-Pilgerstätte, wo die Gläubigen im See baden und die belebten Straßen voller Verkaufsstände mit Kamelsätteln, Textilien, Silber und Schmuck sind. Jenseits der Stadt, am Rande der Wüste, schlagen Pilgerfamilien während der Feste ihre Zelte auf. Es gibt Handwerksbasare, Klang- und Licht-Spektakel und ein prächtiges Finale, das bei Vollmond in den Dünen stattfindet.

In der Nähe gibt es eine Kamelforschungs- und Zuchtstation mit mehreren Tausend Kamelen auf einer Fläche von 8 km^2. Turbantragende Rabari-Hirten hüten die Kamele, und viele der hier aufgezogenen Tiere werden fein herausgeputzt auf den Märkten verkauft.

Oben: *Bereit für Feierlichkeiten, Musik und Rennen, versammeln sich Kamele und ihre Besitzer zum Fest in Pushkar im Staat Rajasthan.*

Gegenüber: *In den Samdünen nahe Jaisalmer, den großen Wanderdünen, kann man wunderbare Sonnenuntergänge miterleben.*

Oben, rechts und gegenüber: *In Rajasthan finden jedes Jahr im Januar oder Februar unzählige farbenfrohe Feste mit viel Musik, Tanz und Akrobatik statt, die von vielen Menschen mit großer Begeisterung begangen werden. Eine wichtige Rolle spielen die Kamele, denn es werden Kamelrennen, Kamelpolowettbewerbe und Kameltänze veranstaltet. Die Menschen tragen prächtige Kostüme und feiern ausgelassen bis spät in die Nacht.*

Folgende Doppelseite: *Wenn Feste gefeiert werden, gibt es Vorführungen von Schlangenbeschwörern und Puppenspiele. Es werden Volkslieder und Balladen vorgetragen, und leuchtend gelbe, rote, rosafarbene und grüne Kostüme drehen sich wirbelnd im Tanz. Wettbewerber streiten um den schönsten Schnurrbart oder den am besten gebundenen Turban, beides begehrte Auszeichnungen, und Kampfrichter bewerten das am prächtigsten geschmückte Kamel.*

Der Rann von Kutch

Die Kutchregion im Südwesten von Gujarat ist vom Festland durch eine Salzwüste getrennt, die Kleiner Rann von Kutch heißt, und vom pakistanischen Festland durch den Großen Rann von Kutch und das Delta des Indus. Der Kleine wie der Große Rann von Kutch sind hauptsächlich tiefe Ebenen mit verstreuten kleinen Erhebungen oder Inseln mit einer großen Artenvielfalt an Flora und Fauna. Der Große Rann von Kutch ist für seine riesige Brutkolonie von Zwergflamingos (*Phoeniconaias minor*) berühmt. Die rosafarbenen, langbeinigen Vögel filtern mit ihrem Schnabel Algen, kleine Insekten und Krustentiere aus dem Wasser. Die lauten, in großen Gruppen lebenden Vögel kommunizieren teilweise auch durch Bewegungen der schwarzen Federspitzen ihrer Flügel.

Der Kleine Rann und die angrenzenden Gebiete sind die Heimat des Indischen Halbesels (*Equus herminos khur*). Das gesamte Gebiet ist deshalb Schutzgebiet dieser seltenen Esel, in dem sie unbehelligt umherstreifen können. Werden die Tiere gestört, können sie Geschwindigkeiten von bis zu 50 km/h erreichen. Über längere Strecken laufen sie bis zu zwei Stunden lang 24 km/h schnell, und bei Gefahr erreichen sie auf kurzen Strecken teils Spitzengeschwindigkeiten von 70 km/h. In der Paarungszeit kämpfen die Hengste verbissen um ihre Stuten, indem sie sich auf die Hinterbeine stellen, einander treten und heftig beißen.

In dieser Region leben Kaufleute und Hirten, hauptsächlich Nomaden des Rabari-Volkes, die ihre Rinder, Kamele, Schafe und Ziegen auf frische Weiden treiben. Sie sind vorwiegend Hindus

und Jainas, deren Religionen das Schlachten von Tieren verbieten. Sie halten ihre Tiere deshalb nicht als Fleischlieferanten oder Zugtiere, sondern nur zur Milchproduktion, zur Herstellung von Ghee und als Düngerlieferanten. Alte und schwache Tiere werden in speziellen Tierstationen versorgt.

Zum Schutz der Wüstenregion im Nordwesten Gujarats, vor allem der Randregionen, wurde das Kleiner-Rann-von-Kutch-Wildschutzgebiet ins Leben gerufen. Hier leben Wölfe und Karakale. Die Ohren der großen hellen Katzen werden von 20 verschiedenen Muskeln kontrolliert. An ihren Spitzen tragen sie sehr feine Büschel empfindlicher Haare, die sie zum Aufspüren von Beutetieren, wie Hasen, Nagetieren, jungen Gazellen und Antilopen einsetzen. Wüstenfüchse, Wildkatzen, Raubadler und Geier sind hier ebenfalls beheimatet.

Oben: *Eine Kuh wartet geduldig vor einem Haus in der Wüste und hofft auf Futter. Viele der Wüstenhäuser sind aus Lehm und Kuhdung gebaut.*

Gegenüber: *Der Karakal ist eine kräftige, langbeinige Katze mit wunderschöner Zeichnung. Kräftige Haare an den Pfoten erleichtern das Laufen auf dem heißen Wüstenboden. Die schnellen Tiere fangen kleine Hirsche und sogar im Sprung Vögel aus der Luft. In dem Wildschutzgebiet des Kleinen Rann von Kutch leben aber auch Wölfe, Falbkatzen und Wüstenrennmäuse, die winzigen Kängurus ähneln.*

Oben: Dieses lebhafte Fresko zeigt einen prächtig geschmückten Elefanten, der von einem Prinzen geritten wird. Zu festlichen Anlässen werden Elefanten häufig mit schönen Stoffen, Juwelen und anderem Zierrat geschmückt. Als dekorative Elemente oder Skulpturen finden sie auch in der Architektur sowie als Bild- oder Schmuckmotive Verwendung.

Gegenüber: Das Fort Mehrangarh zählt zu den größten und beeindruckendsten Festungen Indiens. Es liegt in luftiger Höhe, und einige seiner Grundmauern sind aus dem Felsen gehauen. Der britische Schriftsteller Rudyard Kipling beschrieb es einst als „Werk von Engeln, Feen und Riesen".

Jodhpur – die blaue Stadt

Die Wüsten des indischen Subkontinents nehmen eine Fläche von 225 000 km^2 ein, also rund sieben Prozent des gesamten Landes. Die hier lebenden Tiere müssen immer wieder starke Hitzeperioden überstehen; da dann das Wasser knapp ist, nehmen sie den Großteil ihres Flüssigkeitsbedarfs über die Nahrung auf. Pflanzensamen können Jahre im Boden überstehen und keimen erst, wenn Wasser vorhanden ist.

Die Vogelwelt wartet mit sehr farbenfrohen und schönen Spezies auf. Es gibt Flughühner, Rebhühner, Bienenfresser, Lerchen, Jungfernkraniche, Raub- und Steppenadler, Adler- und Schopfwespenbussarde, Falken, Turmfalken und Hindutrappen. Die langbeinigen Vögel, deren Kopf wie eine Krone aussieht, legen nur ein einziges Ei. Weltweit gibt es weniger als 1000 Tiere dieser bedrohten Vogelart, von denen etwa 400 in der Tharwüste leben.

Jodhpur liegt an der Grenze zur Wüste Thar und ist nach Jaipur die zweitgrößte Stadt des Bundesstaates Rajasthan und die größte Stadt der Region. Sie liegt in offenem Buschland und wird auch die Blaue Stadt genannt, da viele der gekalkten Häuser hier einen indigofarbenen Anstrich tragen. Die Farbe reflektiert die Hitze und soll Moskitos fernhalten. Jodhpurs, eine bestimmte Art von Reithosen, sind nach der Stadt benannt, da die hiesigen Polospieler früher diese Hosen trugen.

Jodhpurs Umaid-Bhavan-Palast ist eine der größten Residenzen der Welt. 15 Jahre (1929–1944) waren 3000 Handwerker damit beschäftigt, die 348 prächtig eingerichteten Zimmer, hübschen Balkone, Innenhöfe und edlen Gärten anzulegen. Der Art-déco-Palast wurde nach dem Maharadscha Umaid Singh benannt und beherbergt heute die königliche Residenz, ein Hotel und ein Museum. In der Nähe erhebt das Fort Mehrangarh (Baubeginn 1459) auf einer Felsenklippe hoch über der Wüstenebene seine mächtigen Mauern, kanonenbewehrten Wälle und monumentalen Tore, die gegen Elefantenangriffe mit spitzen Speeren besetzt sind. Hinter ihnen liegt ein Innenhof mit vergitterten Wandnischen, verzierten Balkonen, goldbesetzten Mogulzelten aus Seide und vielen eleganten Räumen: ein Raum mit Howdahs (Elefantensänften), ein Ballsaal, eine Waffenkammer und ein königliches Gemach mit reichen Wandfresken und vielen Einlegearbeiten aus buntem Glas und Spiegeln.

Die vielen frühen Tempel der Stadt, die mit feinsten Steinreliefs und Skulpturen geschmückt sind, stellen einzigartige Beispiele indischer Sakralarchitektur dar. Ihre oft farbenfrohen Wandmalereien und Fresken bilden das Leben in der Antike ab, zeigen mythologische Figuren und das Leben des Gottes Krishna.

1459 gegründet, erhebt sich Jodhpur wie eine Insel aus der goldenen Ebene der Tharwüste. Rajasthans zweitgrößte Stadt wird von der sich auf einem Berg erhebenden Festung Mehrangarh (von der aus dieses Bild aufgenommen wurde) gekrönt. Ihren vielen blauen Häusern verdankt die Stadt den Beinamen Blaue Stadt. Ursprünglich zeigte die blaue Farbe das Haus eines Brahmanen an, wurde aber bald sehr beliebt, da die Farbe anscheinend nicht nur die Hitze reflektiert, sondern auch Moskitos fernhält.

Die Tharwüste

Die Thar ist Indiens größte Wüstenregion, liegt zum größten Teil in Rajasthan und erstreckt sich von den Salzmarschen des Rann von Kutch nordwärts bis jenseits des Flusses Luni (die einzige natürliche Wasserquelle) und entlang der Grenze zwischen Rajasthan und Pakistan. Manche glauben, die Wüste sei bereits 10 000 Jahre alt oder noch älter. Andere halten sie für recht jung (2000–1500 v. Chr.) und meinen, sie wäre entstanden, als der Fluss Ghaggar, der heute in der Wüste versickert, östlich des Indus austrocknete. Fest steht jedoch, dass sich die Große Indische Wüste, Thar, heute über zwei pakistanische Staaten und die vier indischen Bundesstaaten Punjab, Haryana, Gujarat und Rajastan erstreckt, wo majestätische Festungen verstreut in der schimmernden Wüste liegen. Sie besteht hauptsächlich aus leicht hügeligem Gelände, Wanderdünen, zahlreichen vereinzelten Bergen und riesigen versteinerten Baumstämmen.

Zwischen Juli und September, wenn die Temperaturmarke auf etwa 50 °C ansteigt, fällt kaum Regen. Im Januar kann das Thermometer allerdings auf 4 °C fallen. Sandstürme und starke Winde fegen im Mai und Juni mit 150 km/h über das Land. Aber trotz der widrigen Bedingungen ist die Thar stärker bevölkert als manch andere Wüste. Rund 17,44 Millionen Menschen und 23,33 Millionen Nutztiere leben nach Behördenangaben hier. In Rajasthan kommen auf jeden Menschen zehnmal so viele Tiere wie im indischen Durchschnitt. Die dadurch verursachte Überweidung verstärkt die Probleme dieser Region, die seit jeher von Dürre sowie Wind- und Wassererosion betroffen ist.

***Oben und rechts:** Kamel-Safaris werden bei Touristen immer beliebter und sind für viele Kamelbesitzer, Händler und Gaukler in Jaisalmer und den umliegenden Dörfern die einzige Einkommensquelle.*

श्री गुरु

Während in der nördlichen Wüste kleine Dornbaumwälder, Akazien, Tamarisken, Wolfsmilchgewächse und verschiedene Kräuter helfen, die Humusschicht zu binden, bleibt der sandige Boden der Thar über längere Perioden trocken und ist so starker Winderosion ausgesetzt, die den Sand wandern lässt und oft auf vormals fruchtbaren Boden weht.

Im Gegensatz zur Sahara gibt es hier keine von Palmen gesäumten Oasen. Auf den ersten Blick scheint die Thar ein trostloses Gebiet mit riesigen Dünen, vereinzelten Hügeln, steinigen Ebenen, festen ausgetrockneten Salzseen und zerklüfteten Felsen. Die trockene und unwirtliche Landschaft bietet dennoch verschiedenen Tierarten Lebensraum. Hier leben Bengalfüchse, Wölfe, Wüstenkatzen, wie etwa Karakals, sowie 25 Schlangen- und 23 Echsenarten. Zudem ist die Region Rückzugsort für Zug- und heimische Vögel, darunter Weihen, Laggarfalken, Bussarde, Flughühner, Turmfalken, Geier und Adler.

Genau die Tierarten, deren Bestand im Rest Indiens stark zurückgeht, scheinen hier besonders gut zu gedeihen. Flaggentrappen (*Sypheotides indicus*), Hirschziegenantilopen und Indische Gazellen (auch Chinkara genannt) sind hier zu Hause. Die Tiere haben sich den besonderen Bedingungen angepasst. Viele Arten sind kleiner als ihre Verwandten in fruchtbareren Lebensräumen, andere entgehen der heißen Sonne, indem sie nachtaktiv geworden sind. Es gibt zwar Wasser, aber es liegt 30 bis 120 m unter der Erde. Der Mesquitebaum (*Prosopis cineraria*), ein gedrungen wachsender Baum, kann sogar hier überleben. Er ist dem Volk der Bishnoi, die in der Wüstenregion von Jodhpur leben, heilig. Der immergrüne bedornte Baum liefert Bauholz für Häuser, Brunnen, Zäune, Wasserleitungen, Werkzeuggriffe, Bootsrümpfe, Räder und Karren. Blätter und Samenschoten dienen als Futter für Kamele, Rinder, Schafe, Ziegen und Esel. Ein altes Sprichwort besagt, der Tod wird einen Mann auch in Hungerzeiten nicht heimsuchen, der eine Ziege, ein Kamel und einen Mesquitebaum besitzt.

Panorama

Von den vielen verschiedenen Landschaften Indiens sind es wahrscheinlich die grünen Ebenen, die wir beim Gedanken an diese bunte Nation zuerst vor Augen haben. Diese großen Regionen fruchtbaren und kultivierten Landes erstrecken sich zu beiden Seiten der mächtigen Flüsse, die sie mit lebensnotwendigem Wasser und fruchtbarem Schwemmboden versorgen. Sie bergen eine jahrhundertealte Kultur und Geschichte, sind Heimat geschäftiger Städte und Tausender Bewohner. Im Gegensatz dazu sind die trockenen Wüstenregionen vielfach leer, bieten aber einige fantastische Landschaften. Hier erheben sich Paläste neben schimmernden Seen, und zwischen den ständig wandernden Dünen werden farbenfrohe Feste abgehalten.

Oben: *Viele Wüstenhäuser sind einfache Lehmhütten.*

Gegenüber: *Die Häuser sind oft mit Tier- und Pflanzenmotiven, wie Vögeln und Blüten, verziert.*

BERGE UND GEBIRGSKETTEN

Ein großer Teil Indiens ist von grünen Bergen durchzogen, in die man sich vor dem Lärm der Städte und der Hitze der Ebenen zurückziehen kann. Die Luft ist kühler, und die üppig grüne Umgebung bietet einen scharfen Kontrast zum Trubel der Städte. Noch höher hinauf ragt das Himalaja-Gebirge. Auf den Höhen findet man berauschende Gipfel und einsame Orte der Kontemplation, an denen man über die Welt dort unten und natürlich auch über diese erstaunliche Nation nachsinnen kann.

Berge und Gebirgsketten

Indien ist für seine kontrastreiche Landschaft bekannt. Es bietet eine Vielfalt, die von trockenen Wüsten bis zu tropischen Dschungeln reicht, von Meeresküsten bis zu weiten Ebenen und von Flusstälern und sanften Hügellandschaften bis zu steil aufragenden Gebirgsketten. Der mächtige Himalaja mit einigen der berühmtesten Gipfeln der Welt ist in seiner Einzigartigkeit von berauschender Schönheit.

Aravalliberge und Jaipur

Rajasthan im Nordwesten Indiens wird von den Aravallibergen, die einige der ältesten Berge der Welt umfassen, zweigeteilt. Die hohen Gipfel, vereinzelten Hügel, felsigen Grate, trockenen Wüsten und die grünen, von Flüssen durchzogenen Täler erstrecken sich rund 560 km nach Nordosten, bis der Gebirgszug etwas südlich von Delhi endet. Die meisten Berge erheben sich 300 bis 900 m über den Meeresspiegel; der höchste Gipfel, der Guru Shikhar genannt wird, gehört zu Mount Abu und erreicht 1722 m Höhe.

Oben: *Bei Mount Abu, einer Tempelstadt an der Südspitze der Aravalliberge mit See und grün bewaldeten Eukalyptushainen, blickt dieser Mann in den Sonnenuntergang. Herrliche Tempel können hier besichtigt werden.*

Rechts: *Das Amber Fort nahe Jaipur ist ein Palastkomplex innerhalb einer Festung. Sie liegt auf einem Hügel und wurde aus rotem Sandstein und weißem Marmor errichtet. Mit dem Bau wurde 1592 begonnen. Radscha Man Singh ließ die Anlage auf den Grundmauern einer Festung aus dem 11. Jahrhundert erbauen. Die von Radscha Jai Singh I. (Herrschaft 1621–1667) hinzugefügten Gebäude gelten als die schönsten.*

Oben: Reiche Verzierungen mit glänzenden Spiegeln schmücken die Siegeshalle im Amber Fort (ganz oben). Elefanten, in einer Reihe aufgestellt wie Taxis, warten mit ihren Mahouts auf Touristen, um sie den steilen Weg zum Amber Fort hinaufzubringen (Mitte). Schulkinder stellen sich im mächtigen Fort zum Klassenfoto auf (unten).

Am Fuß der Aravalliberge liegt Jaipur, die Hauptstadt Rajasthans, die 1728 von Maharadscha Sawai Jai Singh gegründet wurde. Die vom bengalischen Architekten Vidyadhar Bhattacharya geplante Stadt ist nach der altindischen Architekturlehre gegliedert. Ihre neun quadratischen Viertel symbolisieren die neun Bereiche des Universums. Die Region um Jaipur war einst von vielen Kriegsfürsten stark umkämpft, und so wurden hier zahlreiche hohe Festungen zur Einschüchterung der Feinde erbaut. Das Amber Fort nahe Jaipur ist ein herrliches Beispiel rajputischer Mogul-Architektur. Die Festung aus rotem Sandstein mit dem marmornen Palastkomplex liegt am Ende eines felsigen Tals. Geschmückte Elefanten tragen Besucher den steilen Weg hinauf. Der große Spiegelsaal kann mit einer einzigen Kerze erleuchtet werden, deren Licht von allen Spiegeln reflektiert wird.

Jaipur wird häufig auch „Pink City" genannt, da die Häuser innerhalb der Stadtgrenzen bis heute per Gesetz in einer bestimmten Farbe gestrichen werden müssen. Der Palast der Winde (Hawa Mahal) wurde 1799 von Maharadscha Sawai Pratap Singh erbaut und besteht nur aus einer Fassade. Ursprünglich sollte er den Hofdamen (aus über 900 Nischen) einen Blick auf das Treiben auf den Straßen und in den Basaren gewähren. Der Palast, der wie die Krone des Gottes Krishna geformt ist, bietet wunderbare Ausblicke über die rosafarbenen Gebäude der Stadt und ihre geschäftigen Straßen voller Motorräder und Kamele.

Oben: *Galta Ji Mandir (Monkey Temple) in Balwar Bagh ist ein hinduistischer Tempelkomplex und eine Pilgerstätte, an der ein Heiliger eine Gangesquelle entspringen ließ und ein Reservoir mit heiligem Wasser füllte. Hier gibt es überall Affen.*

Links: *Hoch über dem Maothasee erhebt sich das Amber Fort.*

Oben: *Ein rosafarbener Palast in einer rosafarbenen Stadt – ein Großteil der 1728 gegründeten Stadt Jaipur wurde von Jai Singh II. entworfen und in nur acht Jahren erbaut, darunter auch der Stadtpalast und das Jantar Mantar, ein astronomisches Observatorium. Durch sieben Tore gelangt man in die Stadt, eines führt zu verschiedenen Schmuckmärkten.*

Ganz oben: *Die Bögen dieses abgeschiedenen Raums im Amber Fort (einst als Versammlungsraum genutzt) erstrahlen in warmem Goldgelb. Der imposante Festungs- und Palastkomplex entstand allmählich über eineinhalb Jahrhunderte hinweg mithilfe einzigartiger Baukunst und erstklassigen Kunsthandwerks.*

Rechts: *Hawa Mahal, der Palast der Winde in Jaipur, wird durch den Wind gekühlt, der durch 953 kleine Fenster weht. Das reich verzierte Gebäude aus rosafarbenem und rotem Sandstein bleibt selbst im Hochsommer kühl.*

Die Stupas von Sanchi

Nördlich von Bhopal im Bundesstaat Madhya Pradesh liegt die Ortschaft Sanchi, bekannt für die Stupas. Der Great Stupa (auch Stupa Nr. 1) ist eins der prächtigsten und bekanntesten von etwa 50 buddhistischen Bauwerken. Sie gehören zu einem Tempelkomplex und wurden zwischen dem 3. Jahrhundert vor und dem 2. Jahrhundert nach Christus errichtet. Ursprünglich waren Stupas Grab- oder Reliquienhügel, die über den Gebeinen Buddhas und seiner Anhänger errichtet wurden. Sie entwickelten sich aber zu symbolischen Sakralbauten und Denkmälern, die man an heiligen Orten errichtete. Ein Stupa besteht aus einem Unterbau und einer sich darüber wölbenden Halbkugel. Kleine Stupas aus Kristall, Gold, Silber oder anderen wertvollen Materialien beherbergen teils wertvolle Reliquien.

Stupas, egal welcher Größe, symbolisieren Buddhas endgültige Entlassung aus dem Kreislauf von Tod und Wiedergeburt. Normalerweise werden sie auf einem quadratischen Sockel errichtet, dessen Seiten nach den vier Himmelsrichtungen ausgerichtet sind. Aus der Kuppel erhebt sich als Symbol der Weltachse eine Spitze mit mehreren Ringen, die die himmlische Hierarchie symbolisieren. Der Bau kann von einem Gebetspfad umgeben sein.

Sanchi bietet aber noch viele weitere Beispiele indisch-buddhistischer Kunst und Architektur aus über 1500 Jahren. Buddhistische Klöster wurden zur friedlichen Kontemplation an ruhigen Orten errichtet, sollten aber auch in der Nähe von Ortschaften und belebten Handelsrouten sein, da die Mönche für ihren Lebensunterhalt betteln mussten. Sanchi bot genügend Ruhe für die Meditation, lag aber in günstiger Nähe zur wohlhabenden Handelsstadt Vidisha.

Links: *Ein buddhistischer Stupa im Himalaja; diese spirituellen Bauwerke wurden zur Reinigung und Erleuchtung der Gläubigen errichtet. Sie symbolisieren den erleuchteten Geist, und jedes Bauelement ist Symbol eines anderen buddhistischen Prinzips. Zum Gebet und zur Kontemplation wird der Stupa mehrfach umrundet.*

Hill Stations

Während der Kolonialherrschaft versuchten die Europäer, im Hochsommer der Hitze und dem Staub der nördlichen Städte und des Flachlandes zu entgehen. In den kühleren Bergen, besonders in den Ausläufern des Himalajas sowie in Tamil Nadu und Kerala im Nilgirigebirge fanden sie Zufluchtsorte mit wesentlich frischerer Luft. Hier errichteten sie Hill Stations, eine Art Luftkurort. Die kleinen Urlaubsorte erinnerten mit ihren im Kolonialstil errichteten Villen und Cottages an das Leben in der fernen Heimat.

Als Indien unabhängig wurde, verkaufte man die meisten dieser Landhäuser an Einheimische. Sie dienen heute häufig in den Sommermonaten als Touristenunterkünfte. Das ganze Jahr über ist es hier grün; Sprühregen, Tau und eine kühle Brise sind eine willkommene Erfrischung. Ost-Darjeeling liegt am Rand des Himalajas und ist berühmt für seine Teeplantagen. Kalimpong befindet sich inmitten der sanften grünen Hügel und herrlichen Täler der Deolo- und Durpinberge. Gangtok im Südosten Sikkims ist berühmt für seine prächtigen antiken Klöster.

Neben dem mächtigen Himalaja gibt es sechs weitere wichtige Gebirgszüge in Indien mit jeweils eigenen Festen und Essensspezialitäten. Auch hier finden sich verstreut liegende Hill Stations. Die Westghats bieten viele nebelumwaberte Gipfel, während die Ostghats parallel zur Küste am Golf von Bengalen verlaufen. Munnar im Bezirk Idukki des Bundesstaates Kerala wird vom Gipfel des Anamudi überragt, der mit 2695 m die höchste Erhebung Südindiens ist. Das Hochland von Wayanad mit Höhenlagen von 700 bis 2100 m liegt ebenfalls in Kerala, während sich im Nordwesten die schönen Hill Stations von Rajasthan und Maharashtra finden.

Die Briten und vor allem die British Indian Army gründeten zwischen 50 und 80 solcher Hill Stations, andere wurden in den Jahrhunderten zuvor von indischen Herrschern als Erholungsorte angelegt. Einige von ihnen dienten auch als sommerliche Hauptstädte für Fürstentümer und Provinzen.

***Rechts:** Gewundene Wege durchziehen eine riesige Teeplantage in Munnar im Staat Kerala. Rund 30 Teeplantagen liegen in der Region dieser Hill Station, in einer mit Hügeln, üppigem Grasland, Wäldern, Tälern und Seen übersäten Landschaft. Die Region wird häufig als „indische Schweiz" bezeichnet.*

Darjeeling

Vor langer Zeit gehörte Darjeeling zu den Königreichen Nepal und Sikkim. 1828 übernachtete hier eine Delegation der Britischen Ostindien-Kompanie auf der Durchreise nach Sikkim und fand, es sei der perfekte Ort für ein Sanatorium für britische Soldaten. Man handelte eine Pacht für das Gebiet aus, und bald darauf wurde eine Hill Station errichtet. Darjeelings mildes Klima machte die Stadt zu einem idealen Erholungsort für Briten, die hier der Hitze des Tieflandes entflohen. Die Stadt liegt auf 2100 m Höhe und ist auch für ihre Teeplantagen berühmt, die 1841 von den Briten hier angelegt wurden. So steht Darjeeling bis heute für hervorragenden schwarzen Tee mit einzigartiger Fermentiertechnik und feinen Mischungen.

Die Darjeeling Himalayan Railway wurde 1881 eröffnet und verband die Stadt mit dem Tiefland, um Tee und Reis transportieren zu können. Es war die erste und bleibt bis heute die außergewöhnlichste Schmalspurbahn. Erstklassige Ingenieurstechnik ermöglichte diese Bahnverbindung durch das gebirgige Gelände. Die immer noch voll funktionsfähige und betriebene Bahnlinie ist mit fast allen ursprünglichen Einrichtungen erhalten geblieben und wurde 1999 zum UNESCO-Weltkulturerbe erklärt. Der Zug wird von einer der wenigen Dampflokomotiven gezogen, die heute noch in Indien fahren.

Oben: Die schmale Spur der Zugstrecke durch die Region Darjeeling.

Rechts: Höchste Ingenieurskunst ermöglichte Zugverbindungen quer durch Indien und seine Bergregionen. Diese traumhaft schöne Dampflok wird liebevoll gepflegt. Sie ist mit bunten Flaggen, goldenen Sternen, Löwenköpfen und einem stolzen Pfau prächtig geschmückt.

15005

Oben: *Von dieser Bank aus genießt man einen beeindruckenden Ausblick über die Bergwelt. Hier erhebt sich der dritthöchste Berg der Welt, der 8586 m hohe Kanchenjunga, der den Höhepunkt einer einzigartigen Berggruppe, der „Fünf Schatzkammern des Schnees", bildet.*

Gegenüber oben: *Eine herrlich gezeichnete Bengalkatze. Die Tiere können hervorragend Bäume erklimmen und kopfüber am Stamm langsam wieder herunterklettern. Sie jagen am Boden und in den Bäumen und ernähren sich von kleinen Primaten und Säugern wie Stachelschweinen, Rehen und Wildschweinen.*

Singalila-Nationalpark

Singalila liegt im indischen Bundesstaat Westbengalen in der Nähe von Darjeeling, wurde 1986 als Schutzgebiet gegründet und 1992 in einen Nationalpark umgewandelt. Der Park verfügt über einige beliebte Trekking-Routen. Auf dem Singalila-Bergkamm (2100 m über dem Meeresspiegel) wachsen Eichen- und Bambuswälder, Rhododendren, Magnolien, Edeltannen, Wacholder und einzigartige Wildblumen, wie Orchideen, Pelargonien, Primeln, Steinbrech, Zwergmispeln, Schwertlilien und Feuerkolben. Ihre schlanken, aufrecht wachsenden Blütenstände sind von einem Hochblatt (Spatha) umschlossen und erheben sich über gepunkteten Stielen, die an Schlangenhaut erinnern. Sie gedeihen in der hohen Luftfeuchtigkeit besonders gut. Leider sind sie giftig, und ihr Saft kann zu Hautreizungen führen. Der höchste Berg in der Singalila-Bergregion, der Sandakphu, wird aufgrund der hier wachsenden Feuerkolben und rund 600 Liliensorten auch „Berg der Giftpflanzen" genannt.

Zu den im Park lebenden Säugetieren zählen Bengalkatzen, Nebelparder, Rote Pandas, Muntjaks, Buntmarder, Wildschweine, Schuppentiere, Pfeifhasen, Kragenbären, Seraue (ziegenähnliche Tiere), Leoparden, Chinkaras (Gazellen) und vereinzelt auch Elefanten und Tiger. Auch die Vogelwelt bietet eine ganze Menge interessanter Arten: Tauben, Kuckucke, Nashornvögel, Scharlachmennigvögel, Kali- und Blutfasane, Einfarb- und Gelbstirn-Papageienmeisen, Feuerschwänzchen und Goldalcippen. Während der Brutsaison versammeln sich Geknöpfte Birma-Krokodilmolche um die Seen, während die feuchten Schluchten und Bergbäche von großen Blutegeln heimgesucht werden.

Der Singalila-Bergkamm bildet eine natürliche Grenze zwischen Nepal und Indien. Das gebirgige Gelände wird von unzähligen Flüssen durchzogen. Das subtropisch-feuchte Klima erlaubt im Gegensatz zum westlichen Himalaja Baumbewuchs unterhalb der Schneegrenze.

Oben: *Eine ziegenähnliche Seraue mit spitzen Hörnern steht in einem kahlen, verschneiten Wald. Sie ernährt sich von Gras, jungen Sprossen und Blättern. Serauen fressen zu Sonnenauf- und Sonnenuntergang und folgen an den rauen Hängen des Himalajas festen Pfaden.*

Durch das Nilgiri-Gebiet und den Süden der Westghats streifen einige Tiger. Wissenschaftler haben herausgefunden, dass jeder Tiger eine einzigartige Zeichnung aus über 100 Streifen besitzt und dass auch ihre blaue Haut gestreift ist, nicht nur das Fell. Die faszinierende Stirnzeichnung vieler Tiger ähnelt dem chinesischen Schriftzeichen Wang, das König bedeutet.

Bis auf Mütter, die ihre Jungen aufziehen, leben Tiger meist alleine, aber ihre Reviere können sich überschneiden. Die meisten Tiger markieren ihre Lieblingsplätze, indem sie eine Mischung aus Urin und Sekret ihrer Duftdrüsen auf Bäume und Büsche sprühen, und mit ihren 80 bis 100 mm langen Krallen Kratzmarken an Baumstämmen hinterlassen. Auch hierbei wird ein duftendes Sekret an den Bäumen verteilt, das aus Drüsen zwischen den Zehen stammt. Diese chemischen Duftspuren werden von anderen Tigern sofort erkannt. Tiger nutzen ihre langen Krallen aber auch zur Fellpflege. Sie beseitigen damit alte Haare, Knoten und störende Parasiten. Vor allem dienen die gebogenen Krallen aber zum Festhalten des Beutetiers bei der Jagd.

Der Bandhavgarh-Nationalpark in Madhya Pradesh ist nach einer antiken Festung benannt und liegt im Vindhyagebirge in Zentralindien. Hier sollen sehr viele Tiger beheimatet sein, und in den Wäldern lebte einst auch der Weiße Tiger. Keines dieser prächtigen Tiere wurde in den letzten 50 Jahren in freier Wildbahn gesichtet; während der letzten 100 Jahre waren es weniger als ein Dutzend. Das ehemalige Jagdrevier der königlichen Rewa-Familie wurde 1968 zum Nationalpark erklärt.

Oben und links: *Tagsüber ist das Sehvermögen von Tigern vergleichbar mit dem eines Menschen, aber nachts, wenn sie jagen, ist es sechsmal besser.*

Von Wäldern zu Berghängen

Vor langer Zeit war der gesamte Bereich unterhalb des Himalajas von tropischen Laubwäldern bedeckt, während in den mittleren Höhen zwischen 1520 m und 3660 m Kiefern, Eichen, Pappeln, Walnussbäume, Lärchen und Rhododendren wuchsen. Diese Wälder sind der Abholzung aber so stark zum Opfer gefallen, dass sie nur noch an den steilsten und unzugänglichsten Hängen zu finden sind. In den höheren Regionen des Hoch-Himalajas, kurz unterhalb der Schneegrenze, herrscht alpine Vegetation vor: Sträucher, Rhododendren, Moose, Flechten und herrliche Wildblumen, wie etwa der nur hier beheimatete, intensiv blau gefärbte Tibet-Scheinmohn, der auf schmalen Felsvorsprüngen wächst.

Zwergwildschweine (*Sus salvanius*) sind die kleinsten und seltensten Wildschweine der Welt und leben im Nordwesten Assams am Fuß des Himalajas. In Savannengebieten und im Grasland bietet ihr dunkelbraunes Fell beste Tarnung. Sie galten schon als ausgestorben, wurden aber 1971 wiederentdeckt.

In den Ausläufern des Himalajas lebten einst viele Tiger, Leoparden, Nashörner und Hirscharten. Heute sind diese Tiere nur noch in geschützten Gebieten, wie dem Jaldapara-Wildschutzgebiet in Westbengalen und dem Kaziranga-Nationalpark in Assam, zu finden. Im Hoch-Himalaja leben noch Moschushirsche, Wildziegen, Schafe, Wölfe und Schneeleoparden.

***Oben:** Rund um hoch gelegene Bergseen blühen wunderbare Wildblumen.*

***Rechts:** Pferde grasen unterhalb steil aufragender, zerklüfteter Himalaja-Gipfel an einem rauschenden Bergbach.*

Das Dach der Welt

Im Norden erheben sich die mächtigen Hänge des Himalajas, wo Nadelwälder bald alpinen Sträuchern weichen und die schneebedeckten höchsten Gipfel der Welt emporragen. In Sanskrit bedeutet der Name Himalaja „Wohnsitz des Schnees". Die Bergkette bildet entlang der Nordgrenze des indischen Subkontinents einen 2500 km langen Bogen. Dieser Bogen erreicht zwischen seinem Anfang am Indus im Nordwesten bis zu seinem Ende am Brahmaputra im Osten eine Breite von 200 bis 400 km. Das Bergmassiv mit über 110 Gipfeln erhebt sich steil aus der Ebene des Ganges, der Nordindischen Tiefebene, und fällt dann im Norden zum tibetischen Hochplateau ab.

Diese höchste Bergregion der Welt umfasst auch einige der welthöchsten Gipfel, wie etwa das beeindruckende Trio aus Mount Everest (8848 m), K2 (8611 m) – auch Mount Godwin-Austen genannt – und Kanchenjunga (8586 m), von denen Letzterer in Indien liegt. Ein weiterer atemberaubender Gipfel ist der Nanda Devi mit 7817 m Höhe.

Die Königin der Berge, wie das Massiv des Kanchenjunga manchmal genannt wird, ist in verschiedene ökologische Zonen untergliedert, die von subtropischen Regionen bis zu eisiger Wildnis und dem mächtigen Kanchenjunga-Gletscher reichen. Das gewaltige Massiv wird von großen Bergrücken gestützt, aus denen zahlreiche Gipfel mit 6000 bis 8000 m Höhe aufragen. Sein Name geht auf die fünf Hauptgipfel zurück, von denen vier über 7450 m hoch sind, und bedeutet „Fünf Schatzkammern des Schnees". Drei dieser Gipfel liegen auf der Nordgrenze von Sikkim und zwei im Bezirk Taplejung im östlichen Nepal.

Bis 1852 galt der Kanchenjunga als der höchste Berg der Welt. Berechnungen im Jahre 1849 ergaben jedoch, dass der Mount Everest der höchste Berg ist und der Kanchenjunga nur den dritten Rang einnimmt. Seine Erstbesteigung erfolgte 1955 durch eine britische Expedition unter Führung von Charles Evans, bei der Joe Brown und George Band den örtlichen Glauben würdigten, dass der Gipfel der Wohnort eines Schutzgottes sei, und kurz unterhalb des höchsten Punkts anhielten. Diese Tradition wird bis heute von Bergsteigern fortgesetzt, die ihrem Beispiel folgen.

Der Kanchenjunga-Nationalpark umfasst in seinen tieferen Regionen gemäßigte Feuchtwälder und erhebt sich in eisige Höhen mit blankem Felsen und Schnee am Gipfel. Aufgrund seiner unwirtlichen Lage bleibt das Gebiet des Kanchenjunga unberührt und wenig besucht. Hier liegt auch der Zemu-Gletscher, der größte des Ost-Himalajas und einer der Orte, an denen Sir John Hunt, der Leiter der Everest-Expedition von 1953, eine lange Reihe mysteriöser Fußspuren gesehen haben will. Diese trugen zu den Gerüchten um die mögliche Existenz des Yetis bei.

Indiens zweitkleinster Bundesstaat Sikkim liegt vollständig im schneebedeckten Gebirge. Die Lepcha besiedelten das Gebiet als Erste. Die Buthia kamen im 14. Jahrhundert aus Tibet hinzu, und im 18. und 19. Jahrhundert ließen sich viele Nepalis hier nieder. Die Bergvölker sind vorwiegend Anhänger des tibetischen Buddhismus und des Hinduismus. Wie so viele Städte Indiens ist auch die Hauptstadt Gangtok eine Mischung aus Historischem und Modernem, in der sich Hochhäuser neben traditionellen Behausungen, Stupas und Klöstern erheben und wo man buddhistische Mönche in ihren leuchtenden safrangelben oder rötlich braunen Gewändern sehen kann. Gangtok ist die einzige Hauptstadt Indiens, die über eine Seilbahn verfügt.

Östlich von Gangtok, nahe dem indischen Grenzposten zu China, liegt auf 3700 m Höhe der Tsomgosee, der den größten Teil des Jahres gefroren bleibt. Dennoch ist er im Hochsommer umgeben von Rhododendren, Primeln, Schwertlilien und Mohnblumen, die an seinen Ufern und den nahen Berghängen blühen. Der größte See Sikkims ist der Gurudogmar. Mit 5240 m über dem Meeresspiegel ist er einer der höchsten Seen des Himalajas und im Winter bis auf eine Stelle, die für einen heiligen Ort gehalten wird, vollständig zugefroren.

Oben: *Der Shivling im dem Himalaja vorgelagerten Garhwalgebirge hat eine ähnliche Form wie das Matterhorn in den Schweizer Alpen. Seine steilen, schnee- und eisbedeckten Felswände glänzen in der Sonne und erheben sich über den Gangotri-Gletscher.*

Gegenüber: *Dzongri im Süden von Sikkim ist ein beliebtes Trekking-Ziel, das von schneebedeckten Gipfeln umgeben ist.*

Der Great-Himalayan-Nationalpark

Im Bezirk Kullu im Bundesstaat Himachal Pradesh liegen, auf drei Seiten von den hoch aufragenden Gipfeln des Himalajas umgeben, einmalige Laub- und Nadelwälder. Eichen, Tränenkiefern und Fichten gedeihen hier, große Gebiete werden von alpinen Wiesen und Gletschern bedeckt. Überall in diesem 1984 gegründeten Nationalpark finden sich Wasserfälle, Bergbäche und herrliche Wildblumen, wie Pelargonien, Tibet-Scheinmohn und Feuerkolben. Flora und Fauna sind in den heiligen Tälern besonders reich.

Der Nationalpark liegt zwischen 1500 m und 6000 m hoch. Hier erheben sich atemberaubende schneebedeckte Berge, deren steile Hänge violette Schatten über tiefe Flusstäler werfen. Es gibt ausgedehnte Waldgebiete mit Eichen und Bambus, aber auch Kiefernwälder und Bergwiesen.

Die stark bedrohten Himalaja-Moschushirsche (*Moschus chrysogaster*) streifen hier umher. Sie werden bei einer Schulterhöhe von 20 cm nur 60 cm lang und haben lange, hasenähnliche Ohren. Sie besitzen einen unbehaarten Schwanz mit einem kleinen Büschel am Ende und lange Zähne im Oberkiefer, die sogar bei geschlossenem Maul sichtbar sind. Die Moschusdrüse des männlichen Tiers liegt zwischen den Geschlechtsorganen und dem Nabel. Das stark riechende Sekret wird für die Parfümherstellung und seit über 5000 Jahren in der chinesischen Medizin verwendet. Der Handel damit ist heute verboten und wird nur noch von Wilderern betrieben. Leider ist der Bestand der Moschushirsche durch anhaltende Wilderei bedroht.

Im Nationalpark leben aber auch Leoparden (darunter auch Schneeleoparden). Es gibt Kragenbären, Braunbären, Languren, Rhesusaffen, Himalaya-Tahrs, eine ziegenartige Paarhuferart, Bharals sowie Steinböcke und Seraue. Zur reichen Vogelwelt von etwa 68 heimischen und rund 50 Zugvogelarten gehören prächtige Fasanenvögel, wie der schöne Himalaja-Glanzfasan (*Lophophorus impejanus*) mit seinen glänzend blauen, roten und goldenen Federn, oder der prachtvoll gepunktete Schwarzkopftragopan (*Tragopan melanocephalus*) mit seiner blutroten Brust und der schwarzen Kappe auf dem Kopf.

***Oben:** Nahe den eisbedeckten Gipfeln des Himalajas liegt Manali mit seinen bewaldeten Tälern. Die Felsen sind von grünen Moosen überzogen.*

***Gegenüber:** Der Ganges fließt unweit seiner Quelle durch eine enge und durch ihre steilen Wände praktisch unzugängliche Schlucht.*

Nanda Devi

Im Schatten von Indiens zweithöchstem Gipfel liegt eine Region unberührter Wälder mit Bergwiesen und dem berühmten Valley-of-Flowers-Nationalpark, einem wunderschönen Blumental mit über 80 Vogelarten, wie etwa Karmingimpel, Pitpits und Buschsänger. Im Nanda-Devi-Nationalpark leben insgesamt 112 Vogelarten, darunter auch bunte Fasanenvögel, und hoch oben auf Bergwiesen und kahlen Berghängen Lerwa- und Königshühner. Weite Teile der fast unberührten Wildnis mit ihren spektakulären Schluchten und schmalen Graten sind bis heute unzugängliches Gelände.

Hier leben Bären, Makaken, Rotfüchse, Wiesel und Hanuman-Languren, die als Nachfahren des hinduistischen Gottes in Affengestalt, Hanuman, verehrt werden und oft als Tempelaffen gehalten werden, hier aber in den Bergwäldern leben. Elegante Schneeleoparden überleben in den entlegensten Regionen und ernähren sich von Moschushirschen, Himalaja-Tahrs und Bharals. Deren blau schimmerndes Fell dient zur Tarnung in den nackten Felsen, wenn sie steile Abhänge hinaufklettern, um Räubern wie Leoparden, Füchsen und Raubadlern zu entgehen.

Rund um Nanda Devi liegt der spektakulärste Teil des indischen Himalajas mit sich majestätisch erhebenden Gipfeln und einigen der mächtigsten Flüsse Nordindiens. Diese atemberaubende Region ist der Geburtsort vieler Legenden und Heimat des Gangotri-Gletschers, einer traditionellen Pilgerstätte der Hindus und als Quell des Ganges verehrt. Auf seiner spektakulären Bahn erheben sich Kegel, Pyramiden, Fächer, Brücken und gezackte Kämme und Wände aus Eis, und es tun sich tiefe Gletscherspalten auf. Rundherum liegen Felsklippen, Gletscherseen und Wasserfälle. Der Gletscher erstreckt sich allerdings nicht nur über ein Tal, sondern besteht aus dem Zusammenfluss mehrerer Gletscher, die sich zu einer riesigen Eismasse verbinden.

Rechts: *Der Gangotri ist einer der größten Gletscher des Himalajas und Quellzufluss des heiligen Ganges. Er ist geheiligte Pilgerstätte und Sitz der Göttin Ganga, der Tochter des Himmels, deren Tempel zwischen Mai und Oktober von vielen Pilgern besucht wird. Ab November ist der Gletscher von Schnee bedeckt.*

Rote Pandas

Mit seinem buschigen gestreiften Schwanz, den langen Barthaaren und der schwarz-weißen Gesichtsmaske erinnert der Rote oder Kleine Panda (*Ailurus fulgens*) eher an einen Waschbären. Die Tiere leben in den gemäßigten Bergwäldern Nordost-Indiens mit Bambusunterholz, wo sie sich hauptsächlich von Bambusblättern ernähren. Zusätzlich fressen sie auch junge Blätter anderer Pflanzen, Blüten, Früchte, Beeren, Getreide, Nüsse und Vogeleier. Normalerweise leben sie in Höhen von 1500 bis 4800 m.

Ihre Pfoten haben verlängerte Ballen und einziehbare Krallen, die ihnen auf Ästen und Zweigen ausgezeichneten Halt geben, wenn sie in den Bäumen umherklettern. In Indien werden sie aufgrund ihrer markanten Laute auch „Wah" genannt. Weniger als 2500 erwachsene Tiere haben in freier Wildbahn überlebt, und damit gehört dieses schöne Tier zu den seltensten und am stärksten bedrohten Arten der Welt.

Oben: *Rote Pandas haben viele Namen, darunter auch Himalayan Raccoon (Himalaja-Waschbär), Wah (nach ihrem Laut), Katzenbär, Kleiner Panda oder Feuerfuchs.*

Links: *Der Ganges fließt durch Rishikesh, das für sein Yoga- und Meditationszentrum berühmt ist. Hier waren schon Stars, wie die Beatles, Donovan und Kate Winslet. Am „Tor zum Himalaja" ragen die Berge steil und mächtig empor.*

Viele Tempel und Klöster sind mit bunten Bildmotiven geschmückt: der rätselhafte Blick Buddhas (ganz oben), der Affengott Hanuman mit Sita, der Frau Prinz Ramas (Mitte), ein leuchtendes buddhistisches Fresko (oben). Ein junger Mönch im Bergkloster Lamayuru (aus dem 10. Jahrhundert) in Ladakh hält eine Gebetsmühle in der Hand, während er liest.

Anfang und Ende

Das Dach Indiens wird von himmelhohen Gipfeln, Gletscherbächen und gefrorenen Seen, uralten Klöstern und tiefen, geheimnisvollen Höhlen beherrscht. Es gibt pagodenartige Tempel, wie den in Sarahan mit seinem wunderschönen geschnitzten Tiger, Stupas, Türme und unberührte Wälder. Dies ist der höchste Ort Indiens, das „Dach der Welt", wo faszinierende Tiere, wie Schneeleoparden und leuchtend bunte Himalaja-Glanzfasane, leben. Und hinter den Respekt einflößenden indischen Gipfeln glitzert in der Ferne der Mount Everest.

Dieser Ort ist ein Treffpunkt der verschiedensten Völker und Religionen, der Reichen und der Armen – und als nördliche Grenze dieser so unglaublich vielgestaltigen Nation ein passender Endpunkt unserer Reise. Wir haben den absoluten Höhepunkt erreicht, denn hier verbinden sich Land und Geist Indiens sowohl geografisch als auch emotional.

Oben: *Ein beeindruckender Blick von Tapoban auf den Himalaja. Der Ort liegt gegenüber dem schneebedeckten Gipfel des Shivling, der seinerseits vom Bhagirathi-Massiv überragt wird.*

Rechts: *Der Himmel hinter dem Gipfel des Shivling färbt sich karminrot, während sich ein weiterer Tag in Indien seinem Ende zuneigt und hier, ebenso wie in den Ebenen, den Städten, den Häfen und den Dörfern, die Nacht hereinbricht.*

WISSENSWERTES

Dieses erstaunliche Land ist reich an erstaunlichen Fakten. Die absoluten Zahlen mögen sich ändern, aber die Informationen auf den folgenden Seiten bieten einen faszinierenden Einblick in diese bemerkenswerte Nation. Indien besitzt so viele Facetten, dass es einem Diamanten gleicht, in dem sich Tausende Bilder von jagenden Tigern, Pilgern in den Wellen des Ganges, schneebedeckten Gipfeln, der über dem Wüstensand flimmernden Sonne und den glitzernden Lichtern der Städte spiegeln.

Lernen und Wissen

• Die Inder entwickelten bereits vor über 6000 Jahren die Kunst der Navigation: Das Wort „Navigation“ leitet sich vom Sanskrit-Wort „navgathi“ her.

• Uralte indische Texte belegen ein bemerkenswert weit entwickeltes Wissen über Anatomie, Embryologie, Verdauung, Stoffwechsel und Physiologie.

• Der im 6. Jahrhundert v. Chr. lebende Sushruta gilt als der erste Chirurg der Welt: Er wandte komplizierte Techniken an, operierte am Grauen Star, erfand Prothesen, holte Kinder per Kaiserschnitt, richtete Brüche und führte kosmetische und Gehirnoperationen durch. Er praktizierte nahe dem heutigen Varanasi am Ufer des Ganges.

• Die ersten „Schönheitsoperationen“ wurden vor über 2600 Jahren in Indien durchgeführt, um Nasen zu ersetzen, die häufig als Strafe abgeschnitten wurden.

• Etwa 300 v. Chr. begründete Charaka zusammen mit anderen die indische Ayurveda-Medizin.

• Indische Mathematiker erfanden das Zahlensystem sowie Algebra, Trigonometrie und Analysis.

• Der Mathematiker und Astronom Aryabhata (geb. 476 in Kerala) erfand die Null. Sein Werk sollte die Mathematik in Indien auf Jahrhunderte hinaus beeinflussen.

• Etwa 100 v. Chr. wurde in Indien das Dezimalsystem entwickelt.

• Der indische Mathematiker Budhayan soll im 6. Jahrhundert die Zahl „Pi“ mit hoher Genauigkeit berechnet haben.

• Albert Einstein sagte einst: „Wir verdanken den Indern sehr viel, indem sie uns das Zählen beibrachten, ohne das keine nennenswerte wissenschaftliche Entdeckung möglich wäre.“

Parks, Naturschutzgebiete und Tiere

• Über 90 Nationalparks bedecken eine Fläche von 38 569 km^2, während nahezu 500 kleinere Naturschutzgebiete über eine Gesamtfläche von rund 117 077 km^2 verfügen.

• Indien besitzt über 14 Biosphären-Reservate (große, gesetzlich geschützte natürliche Lebensräume) und 27 Tiger-Reservate.

• Jagd und Waldrodung haben die Tiger-Population von Hunderttausenden vor einem Jahrhundert auf aktuell vermutlich weniger als 3000 Tiere dezimiert.

• Das Brüllen eines Tigers ist noch in 3 km Entfernung zu hören.

• Es gibt heute nur noch etwa 2400 indische Nashörner.

• Trotz eines Gewichts von rund 2000 kg kann ein indisches Nashorn bis zu 38 km/h schnell werden.

Oben: *Der Gavial kann bis zu 6 m lang werden.*

Links oben: *Bild einer heiligen Kuh an einer Wand in Udaipur.*

Gegenüber: *Wachsam halten Rehe nach Anzeichen von Gefahr Ausschau.*

• Man schätzt, dass es aktuell noch zwischen 26 000 und 42 000 wild lebende Asiatische Elefanten gibt.

• Asiatische Elefanten sind leichter zu zähmen als ihre größeren afrikanischen Verwandten und werden seit Jahrhunderten als Arbeitstiere eingesetzt. Sie haben als Kriegselefanten gedient und arbeiten heute noch in der Holzindustrie.

• Asiatische Elefanten können in Trockengebieten mit weniger als 400 l/m^2 und in Feuchtgebieten mit mehr als 8000 l/m^2 Niederschlag im Jahr überleben.

• Indien ist die Heimat von nahezu 1200 Vogelarten.

• Der mit den Krokodilen verwandte Ganges-Gavial (*Gavialis gangeticus*) lebt in den ruhigen Nebenarmen der Flüsse Nordindiens. An der lang gestreckten, sehr schmalen Schnauze kann man ihn von Krokodilen unterscheiden. Er ernährt sich hauptsächlich von Fisch und benötigt daher keine so muskulösen Kiefer wie ein Krokodil. An Land kann er aufgrund der kurzen Beine nur kriechen. Die Gavial-Population geht besorgniserregend zurück und wird mittlerweile als kritisch gefährdet eingestuft.

• Die Unterart des Ganges-Delfins, *Platanista gangetica minor* (Indus-Delfin), hat eine lange Schnauze, einen untersetzten Körper und winzige Augen, die eher wie kleine Löcher ohne Linsen wirken. Er wird manchmal als blind beschrieben, kann aber Richtung und Stärke einer Lichtquelle bestimmen. Er kam einst vom Vorgebirge des Himalajas bis zum Indusdelta vor, heute existieren aufgrund neu gebauter Staudämme und anderer Blockaden nur noch wenige kleine Populationen. Er ist eines der seltensten Tiere der Welt.

• Der eigentliche Ganges-Delfin (*Platanista gangetica*) kommt im Ganges-Brahmaputra-System Nordindiens vor, während der Indus-Delfin im Mittellauf des Indus und in Zentralpakistan lebt. Beide jagen Fische und Weichtiere in schlammigen Gwässern, die sie mit der Schnauze abtasten.

• Die Schlange ist ein in der indischen Mythologie und im Hinduismus weit verbreitetes Symbol. Einige der mythischen Reptilien gelten als Beschützer, andere als Zerstörer. So wird der Gott Shiva meist mit einer Schlange um den Hals dargestellt, während Vishnu auf einer siebenköpfigen Schlange sitzt.

Land, Fluss und Meer

• Die indische Küstenlinie ist insgesamt etwa 7516 km lang.

• Indiens rund 15 200 km lange Landgrenze liegt im Norden, wo das Land an Pakistan, China und Tibet, Nepal, Bhutan, Bangladesh und Myanmar (Burma) grenzt.

• Indien hat eine Flächenausdehnung von 3,29 Millionen km^2.

• Indien bedeckt nur 2,4 Prozent der Landfläche der Erde, muss aber über 15 Prozent ihrer Bevölkerung ernähren.

• Das Flusstal des Ganges ist mit 25 Prozent der Landfläche das größte des Landes.

• Der Brahmaputra führt die größte Wassermenge aller indischen Flüsse.

• Da der Ganges als heilig gilt, werden Kinder in seinen Fluten getauft. Auch die verbrannten sterblichen Überreste vieler Hindus werden bei einer Zeremonie in den Fluss gestreut, der die Seele reinigen soll.

• Der Indische Ozean nimmt mit 73 440 000 km^2 etwa ein Fünftel der Wasserfläche der Erde ein und erstreckt sich über mehr als 10 000 km zwischen Afrika und Australien.

• Der Kanchenjunga ist mit 8586 m der höchste Berg Indiens und der dritthöchste der Welt. Vier seiner fünf Gipfel sind höher als 8450 m.

Politik, Menschen, Religion und Sport

• Indien darf sich die größte Demokratie der Welt nennen: Es umfasst 28 Bundesstaaten und sieben Unionsgebiete.

• Neu Delhi ist die indische Hauptstadt; im Mai und Juni steigen die Temperaturen hier auf 45 °C.

• Es gibt zwar nur 22 von der Verfassung anerkannte Sprachen, aber es werden über 400 Sprachen gesprochen – 24 davon von mindestens einer Million Menschen und 114 von mehr als 10 000 Menschen. Man geht von bis zu 844 gesprochenen Dialekten aus.

Oben: *Frauen in bunten Saris auf dem Weg zu einem Fest in Rajasthan.*

Oben links: *Menschen und Boote drängen sich an den Ufern des Ganges.*

Gegenüber: *Die Moschee des Taj Mahal ist auf Hochglanz poliert.*

• Etwa 70 Prozent der indischen Bevölkerung leben in den mehr als 550 000 Dörfern, die sich über den Subkontinent und seine Inseln verteilen.

• Der Name „Indien" leitet sich vom Fluss Indus her, in dessen benachbarten Tälern sich die ersten Siedler niederließen. Der Indus liegt heute größtenteils auf pakistanischem Staatsgebiet.

• Indien hat sieben Hauptreligionen. Der vorherrschende Glaube ist der Hinduismus, dem etwa 82 Prozent der Bevölkerung anhängen. Mehr als 10 Prozent (rund 138 Millionen) Menschen gehören dem Islam an und verhelfen Indien zu einer der größten muslimischen Bevölkerungen der Welt. Etwa 5 Prozent sind Sikhs und Christen. Die übrigen rund 45 Millionen sind Buddhisten, Jainas, Bahai oder Angehörige anderer Sekten.

• Mahatma Gandhi führte in der ersten Hälfte des 20. Jahrhunderts die indische Unabhängigkeitsbewegung an und ist seitdem ein Synonym für gewaltfreien Widerstand. Er sagte: „Mit frohem Mut ertragenes Leiden hört auf, Leiden zu sein, und verwandelt sich in unbeschreibliche Freude." Zu seiner Meinung über die Zivilisation im Westen befragt, antwortete Gandhi: „Das wäre eine wunderbare Idee."

• Feldhockey ist der indische Nationalsport. Hier holte das Land acht olympische Goldmedaillen. Das beliebteste Spiel ist aber nach wie vor Cricket.

• Das mit über 2440 m höchstgelegene Cricket- und Polofeld der Erde befindet sich in Chail in Himachal Pradesh.

Verschiedenes

• Ein Poet und Heiliger aus dem 13. Jahrhundert namens Gyandev erfand das Spiel Schlange und Sprossen. Die „Mokshpat" (Sprossen) stehen hierbei für die Tugenden, die den Weg zum Himmel weisen, und die Schlangen für die Laster.

• Die höchstgelegene Brücke der Welt ist die 30 m lange Baily Bridge im Himalaja, die 1982 von der indischen Armee auf 5602 m Höhe errichtet wurde.

• Die indische Währung heißt Rupie. Indien war eine der ersten Regionen, in denen Münzen ausgegeben wurden (ca. 6. Jahrhundert v. Chr.). Das Wort Rupie geht auf das Wort Rup oder Rupa zurück, das in vielen indoarischen Sprachen „Silber" bedeutet.

• Der Taj Mahal wird als achtes Weltwunder betrachtet. Er wurde in 22 Jahren (1631–1653) unter der Herrschaft von Shah Jahan und mit geschätzten Kosten von 35 Millionen Rupien von 20 000 Kunsthandwerkern errichtet. Der Legende nach wollte der Shah den Handwerkern und Architekten nach Abschluss der Arbeiten die Hände abhacken lassen, damit sie ein solches Wunder niemals wiederholen könnten.

• Archäologische Funde lassen vermuten, dass im Tal des Indus bereits vor 4000 Jahren Wohnhäuser aus Ziegeln mit Badezimmern errichtet wurden und die Frauen Lippenstift verwendeten.

• In Indien gibt es mehr Postfilialen als in jedem anderen Land der Welt.

• Indiens riesiges Schienennetz gibt mehr als einer Million Menschen Arbeit.

• Der Bahnhof mit dem längsten Namen ist Sri Venkatanarasimharajuvariapeta in Tamil Nadu. Der kürzeste Name ist Ib in Orissa.

• Bollywood (zusammengesetzt aus Hollywood und Bombay – heute Mumbai) ist die größte Filmindustrie der Welt. Es wurde 1899 ins Leben gerufen, als Filme noch mithilfe von Edisons Kinetoskop gemacht und gezeigt wurden. Der erste indische Stummfilm entstand hier 1913.

• Indiens Filmfans gehen im Jahr rund drei Milliarden Mal ins Kino, und Indien produziert mehr Filme als jede andere Nation der Welt.

REGISTER